A Cláusula Penal nos Contratos dos Atletas Profissionais de Futebol

*Dedico esta obra às pessoas que mais
me ajudaram nos momentos mais difíceis de minha vida,
meu pai Otavio e minha mãe Maria José.*

*Especialmente para meu filho Rodrigo,
em sua tão breve quanto especial
passagem por este mundo.*

*Agradeço meu orientador,
amigo e mestre Domingos Sávio Zainaghi
ajuda e ensinamentos que me servem para a vida toda.*

RODRIGO SPINELLI

Mestre em Direitos Fundamentais UNIFIEO. Advogado militante no Direito Desportivo. Membro da Comissão de Direito Desportivo OAB/SP. Membro do IIDD e AIDTSS. Professor universitário da UNINOVE.

A Cláusula Penal nos Contratos dos Atletas Profissionais de Futebol

EDITORA LTDA.
© Todos os direitos reservados

Rua Jaguaribe, 571
CEP 01224-001
São Paulo, SP — Brasil
Fone (11) 2167-1101

Produção Gráfica e Editoração Eletrônica: R. P. TIEZZI
Projeto de Capa: FÁBIO GIGLIO
Impressão: BARTIRA GRÁFICA E EDITORA
LTr 4312.1
Março, 2011

Visite nosso site:
www.ltr.com.br

Dados Internacionais de Catalogação na Publicação (CIP)
(Câmara Brasileira do Livro, SP, Brasil)

Spinelli, Rodrigo
 A cláusula penal nos contratos dos atletas profissionais de futebol / Rodrigo Spinelli. — São Paulo : LTr, 2011.

 Bibliografia
 ISBN 978-85-361-1687-7

 1. Cláusula penal (Banca do Senado) 2. Contratos de trabalho 3. direito do trabalho 4. Esportes — Leis e legislação 5. Futebol 6. Futebol — História 7. Jogadores de futebol I. Título.

10-14083   CDU-34:331:796.332.071.2

Índices para catálogo sistemático:

 1. Cláusula penal : Futebol : Jogadores profissionais : Direito do trabalho
    34:331:796.332.071.2

 2. Cláusula penal : Jogadores profissionais de futebol : Direito do trabalho
    34:331:796.332.071.2

SUMÁRIO

Prefácio 7

Introdução 11

Capítulo 1
PASSE – HISTÓRIA E SUA EXTINÇÃO

1.1. As origens do futebol 13
    1.1.1. O futebol e sua origem histórica 13
    1.1.2. O início do futebol no Brasil 16
    1.1.3. A profissionalização do futebol brasileiro 17
1.2. O instituto do passe 18
    1.2.1. História e sua criação 20
    1.2.2. Fundamentação legal 18
    1.2.3. Natureza jurídica do passe 22
1.3. Terminação do contrato e "passe livre" 23
    1.3.1. Constituição Federal de 1988 23
    1.3.2. Lei Zico 24
    1.3.3. Lei Pelé 25
1.4. O fim do passe no direito internacional 27
    1.4.1. O "Caso Bosman" 27

Capítulo 2
O PRINCÍPIO DA DIGNIDADE DA PESSOA HUMANA

2.1. O desenvolvimento do princípio da dignidade da pessoa humana 31
    2.1.1. Breve relato histórico 31
    2.1.2. Conceituação terminológica do princípio 34
    2.1.3. A aplicação do princípio no direito brasileiro 37
    2.1.4. A dignidade da pessoa humana como garantia estatal 39

Capítulo 3
O PASSE APÓS A CONSTITUIÇÃO DE 1988

3.1. A inconstitucionalidade da lei do passe 43

3.1.1. O art. 6º da Constituição Federal 43
3.1.2. O art. 7º da Constituição Federal 36
3.1.3. O art. 5º da Constituição Federal 50
3.2. A justiça desportiva após a Constituição de 1988 52
3.2.1. Aspectos sobre a autonomia judiciária da justiça desportiva 52

Capítulo 4
REFLEXÕES SOBRE O INSTITUTO DO PASSE

4.1. O direito do trabalho na modernidade 56
    4.1.1. Os efeitos da revolução industrial na profissionalização do futebol 56
    4.1.2. Os efeitos do capitalismo no futebol 60
4.2. O direito do trabalho na pós-modernidade 63
    4.2.1. Reflexões pós-modernas sobre o instituto do passe 63
    4.2.2. Efeitos práticos das mudanças pertinentes ao fim do passe 64

Capítulo 5
CLÁUSULA PENAL

5.1. Aspectos históricos sobre a cláusula penal 66
    5.1.1. Nascimento da cláusula penal 66
    5.1.2. A cláusula penal no direito brasileiro 69
5.2. Aspectos gerais sobre a cláusula penal 71
    5.2.1. Definição 71
    5.2.2. A cláusula penal no novo código civil 73
5.3. A cláusula penal nos contratos de atletas profissionais de futebol 75
    5.3.1. O contrato do atleta profissional de futebol 75
    5.3.2. A celebração do primeiro contrato 77
    5.3.3. Definição e nascimento da cláusula penal 79
5.4. Unilateralidade da cláusula penal 82
    5.4.1. Definição e fundamentação do conceito 82
    5.4.2. Fundamentação legal 84
    5.4.3. Aspectos histórico, social e econômico 86

Capítulo 6
ENTENDIMENTO JURISPRUDENCIAL

6.1. No início do instituto 90
6.2. Evolução do entendimento 92

Conclusão 99

Referências Bibliográficas 101

PREFÁCIO

O tema deste trabalho, inicialmente escrito como dissertação de mestrado junto ao programa de pós-graduação do Centro Universitário FIEO-UNIFIEO, foi daqueles que suscitaram acalorados debates tanto na doutrina quanto na jurisprudência por um período de mais ou menos dez anos.

O que se discutiu, e que é tratado neste livro com rara proficiência, é se a cláusula penal dos contratos de trabalho desportivos é unilateral ou bilateral.

Para se compreender esse instituto, que tanta discussão ensejou, faz-se necessário conhecer a história do futebol no Brasil e no mundo.

Já vai longe o tempo em que se discutia se os jogadores de futebol seriam ou não empregados. Com o advento da Lei n. 6.354/76, restou claro que tal relação jurídica entre clubes e atletas é empregatícia.

A legislação atual também deixa claro que qualquer relação entre clubes e atletas, de qualquer modalidade, é uma relação de emprego (Lei n. 9.615/98).

O futebol chegou ao Brasil em 1894, por obra de um paulistano de origem inglesa, Charles Miller, que teve contato com a nova prática desportiva durante seus estudos na Inglaterra.

Aqui chegando, Miller buscou difundir a prática do futebol entre os brasileiros jogando em seu clube, o Clube Atlético Paulistano.

Inicialmente, o futebol foi praticado pela elite, mas em pouco tempo caiu na graça das camadas mais simples da população brasileira.

Em menos de 20 anos, desde a chegada deste esporte ao nosso país, o futebol se tornou a paixão do povo brasileiro, verdadeiro ícone da identidade nacional.

Nos dois principais centros do país — o Rio de Janeiro, à época capital da República, e São Paulo —, surgiram clubes para a prática do futebol, sendo que no

Rio de Janeiro alguns clubes já existentes passaram a adotar a prática deste esporte (Clube de Regatas Flamengo e Clube de Regatas Vasco da Gama).

Em São Paulo, clubes mais tradicionais, como o Paulistano, adotaram o futebol, mas muitos outros foram criados somente para a prática do futebol, destacando-se ainda na primeira década a fundação de um clube de operários, o Sport Club Corinthians Paulista, remanescente dos clubes fundados na primeira década do século XX em São Paulo.

Na capital surge, em 1914, um clube da colônia italiana (que vinha ao Brasil para o trabalho na lavoura e na incipiente indústria paulista), o Palestra Itália, que depois viria a se chamar Sociedade Esportiva Palmeiras.

E sem contar com os clubes que surgiam pelo interior e litoral do estado de São Paulo e os que surgiam em vários estados da federação.

Enfim, o futebol caiu nas graças dos brasileiros como em nenhuma outra parte do mundo — nem mesmo na Inglaterra, lugar de seu nascimento.

Na década de 1930, o futebol não tinha regras claras quanto à sua prática, isso no tocante à relação atleta-clube.

Nesse período, trinta jogadores brasileiros partem do Brasil para jogar em clubes italianos, sem qualquer pagamento para seus clubes.

Em 1941, surge a primeira legislação a tratar do esporte de maneira mais profissional. O Decreto-lei n. 3.199 cria órgãos de administração desportiva e tais órgãos passam a normatizar os esportes no Brasil, e, principalmente, no futebol, surge a figura do passe, que era o instrumento que permitia a um atleta passar de um clube a outro mediante o pagamento de uma quantia.

Logo, um atleta só poderia deixar um clube pelo qual ele jogava para jogar em outro se este pagasse pela liberação.

Tal situação mudou apenas em março de 2001, quando o passe foi extinto.

Para que os clubes não ficassem à mercê das investidas de outros clubes mais poderosos, que poderiam fazer propostas financeiras mais interessantes e assim tirariam os atletas dos clubes com os quais mantinham contrato de trabalho, a lei criou a cláusula penal, que pode ser estipulada livremente entre as partes até o limite de cem vezes a remuneração anual do atleta.

Logo, com o fim do passe, o atleta é livre para se transferir para o clube que ele bem entender, mas durante a vigência do contrato de trabalho, o atleta só poderá rescindí-lo, caso pague o valor da cláusula penal.

A discussão que se travou durante uma década foi justamente se tal cláusula penal seria devida pelo atleta e pelo clube quando um deles tomasse a iniciativa da rescisão, ou se somente seria ônus do atleta tal pagamento.

Desde o início nossa posição foi pela unilateralidade do pagamento da cláusula penal, ou seja, somente os atletas arcariam com o pagamento da cláusula penal, sendo que aos clubes se aplicaria o disposto no art. 479 da CLT.

Por fim, coube ao Tribunal Superior do Trabalho pacificar entendimento pela unilateralidade da cláusula penal, sendo, pois, vencedora nossa tese.

Este trabalho, que tive a honra de conhecer desde seu nascedouro, pois fui orientador de seu autor no já citado curso de mestrado do UNIFIEO, trata desse assunto: a unilateralidade da cláusula penal.

Seu autor, professor Rodrigo Spinelli, enfrenta o tema com coragem e inteligência, trazendo um estudo em que se aprofunda na história do futebol no Brasil e no mundo, fala da rescisão do contrato de trabalho e analisa as duas correntes existentes sobre o tema central de seu trabalho.

Tive a honra de conhecer o prof. Spinelli num curso de especialização em Direito do Trabalho no Legale-UNISAL em São Paulo, e, já naquela oportunidade, fui seu orientador em monografia a respeito das relações de trabalho no desporto.

Via no jovem aluno o perfil de um pesquisador estudioso e, principalmente, apaixonado pelo tema desportivo, sendo que lhe fiz o convite para ingressar no programa de mestrado da UNIFIEO.

Aceito o convite, o prof. Spinelli enfrentou os exames admissionais e cumpriu todos os créditos do programa com notas elevadas, com assiduidade exemplar, senso de companheirismo e respeito, que fizeram dele um dos mais destacados alunos do curso.

Apresentou e defendeu sua dissertação perante banca composta por mim, que fui seu orientador, e pelos professores doutores Paulo Salvador Frontini e José Ribeiro de Campos, e perante um auditório lotado, que não lhe impediu de fazer uma das mais brilhantes defesas de dissertação já vistas na UNIFIEO.

É advogado dedicado, possuindo oratória eloquente e apaixonada, e dá seus primeiros passos na vida de professor, lecionando na UNINOVE e em cursos de pós-graduação em Direito do Trabalho.

Além de todos esses predicados profissionais, o professor Rodrigo Spinelli é um amigo leal e um daqueles seres humanos que fazem deste mundo um lugar melhor para se viver.

Ficamos orgulhosos por ter incentivado o autor a dar seus primeiros passos na academia, e agora tudo o mais depende somente dele, de sua capacidade de trabalho e de sua inabalável fé no Criador.

Agradeço ao prof. Spinelli o convite para prefaciar esta magnífica obra, e felicito a LTr Editora pela publicação de mais esta contribuição ao desporto e ao Direito do Trabalho.

Boa leitura.

Domingos Sávio Zainaghi
Pós-doutorado em Direito do Trabalho pela Universidad Castilla-La Mancha, Espanha.
Doutor e mestre em Direito do Trabalho pela PUC-SP.
Presidente honorário do Instituto Iberoamericano de Derecho Deportivo e da Asociación Iberoamericana de Derecho del Trabajo y de La Seguridad Social.
Direitor da Comissão de Direito Desportivo da Associação dos Advogados Trabalhistas de São Paulo. Professor no UNIFIEO. Advogado e jornalista.

INTRODUÇÃO

O futebol é reconhecidamente uma enorme paixão no Brasil. Afinal, esse esporte é um dos maiores, se não o maior, cartão postal do país em todo o mundo.

É evidente que algo tão apaixonante e valioso para nossa cultura e nosso povo seja motivo de controvérsias históricas, que, inclusive, persistem nos dias atuais.

O passe, instituto utilizado por esse esporte em todo o mundo por praticamente um século, é certamente um desses pontos dissonantes. Sem dúvida, o que mais gerou discussões na relação laboral do futebol.

Trataremos nesta obra de sua origem, funcionamento e, principalmente, dos seus aspectos polêmicos.

Em relação às controvérsias ora citadas, analisaremos os aspectos inconstitucionais da norma, além de obviamente focarmos outras variáveis, como as que ferem os princípios fundamentais, com ênfase no da dignidade humana do atleta profissional de futebol.

Cuidaremos também dos motivos que geraram sua extinção, ressaltando o notável "Caso Bosman", cujo debate gerado na Corte Europeia teve seus efeitos sentidos no Brasil.

Centrando em nosso país, analisaremos as evoluções históricas que culminaram com o fim do passe, ressaltando a princípio a Lei Zico e, posteriormente, a Lei Pelé, sancionada em 24 de março de 1998, sob o n. 9.615, pelo Presidente Fernando Henrique Cardoso, a qual estabeleceu como prazo para o fim do passe três anos após sua publicação.

Assim, nasce um novo instituto, denominado cláusula penal. Este, a exemplo do passe, gerou nova e profunda discussão, que se prolonga até os dias atuais.

A recente polêmica é acerca do alcance legal do instrumento, ou seja, se é unilateral ou bilateral, o que reflete em uma enorme diferença sobre a aplicabilidade no âmbito da Justiça do Trabalho. As correntes que defendem suas posições têm as mais diversas justificativas.

Este trabalho tem por objetivo discutir os diversos elementos expostos, para que seja desenvolvido um raciocínio técnico-jurídico, a partir de uma análise filosófica, a fim de chegarmos a uma linha conclusiva sobre a sua aplicação.

Por fim, cabe alertar que, no intuito de privilegiar a clareza e facilitar a leitura e o exame das citações de trabalhos realizadas nesta obra, foram feitas as referências integrais das respectivas fontes, bem como as necessárias traduções ao vernáculo dos excertos estrangeiros.

As ementas de acórdãos colacionadas foram extraídas do sítio eletrônico dos respectivos Tribunais, e deixaram de ser mencionadas individualmente para evitar repetições desnecessárias.

Acerca das abreviaturas, deixa-se de apresentar o respectivo glossário porque foram utilizadas poucas vezes e de modo a não gerar dúvidas quanto ao correspondente significado.

Capítulo 1

PASSE — HISTÓRIA E SUA EXTINÇÃO

Este capítulo tem por objetivo estabelecer as bases teóricas para o desdobramento do subsequente.

Inicia-se por considerações acerca do nascimento e do desenvolvimento do futebol, assim como de sua chegada a nosso país. Também é elaborado raciocínio pertinente à profissionalização do esporte e explanado o objetivo do passe em nossa legislação, além de sua utilização por todo o mundo. Segue uma exposição sumária do instituto e sua utilidade prática, para explicarmos o porquê ele foi, por tanto tempo, utilizado.

Os tópicos que seguem versam especificamente sobre a evolução de nossa legislação no sentido de acabar com o instituto do passe, pois, embora criado com um bom objetivo, surtiu efeitos colaterais terríveis.

Por fim, trata da derrocada de tal norma e da criação de sua substituta, conhecida como cláusula penal.

1.1. As origens do futebol

1.1.1. O futebol e sua origem histórica

Situar, historicamente, o início da prática desportiva pelo homem é difícil, pois não se sabe ao certo quando isso ocorreu. Preceitua Domingos Sávio Zainaghi:

Há evidências importantes da existência da prática de esportes nas civilizações antigas, mas seus registros não são exatos. As civilizações primitivas (maias, incas, egípcios etc.) praticavam jogos com caráter esportivo, muitas vezes com intuito religioso. A própria natação encontra sua origem numa prática "esportiva" que consistia em afogar o adversário, sagrando-se vencedor aquele que conseguisse sobreviver.[1]

Entretanto, a civilização grega é tida como a que desenvolveu a maneira como vemos o esporte hoje, voltado para o desenvolvimento humano e competição. Ela criou os Jogos Olímpicos na Antiguidade, os quais serviram como propulsores dos jogos atuais. A cidade de Atenas, na Grécia, foi a primeira sede dos Jogos Olímpicos da Era Moderna, em 1896, e voltou a ser sede destes em 2004.

Com relação ao futebol, sua origem histórica também é incerta. Nada podemos afirmar também quanto ao início de sua prática.

Sobre a origem do futebol, Domingos Sávio Zainaghi revela:

> No ano 207 a.C., publicou-se na China um livro que trazia o regulamento de uma prática militar muito parecida com o futebol. Interessante é que, segundo os pesquisadores, esta prática esportiva já era conhecida desde 2500 a.C., à época do Imperador Shih Huang-ti. Existia uma atividade esportiva chamada *Kemaui*, praticada por dezesseis jogadores, oito de cada lado, num campo quadrado, com a área de 14 metros, duas estacas fincadas no chão, ligadas por um fio de seda, bola redonda, com diâmetro de 22 cm., devendo os participantes fazer passá-la além das estacas.[2]

Mesmo no Egito, os túmulos dos faraós têm pinturas que demonstram algumas indicações de que se jogava futebol naquela época.

A Grécia, como berço do esporte e das competições esportivas da humanidade, também tem indícios de prática do futebol. Segundo o mesmo autor:

> Praticava-se na Grécia um jogo denominado *Spiskiros*, que foi levado pelos romanos após a invasão daquele país (1500 a.C.). Em Roma, esse jogo recebeu o nome de *harpastum*, sendo praticado em um campo demarcado por duas linhas, que seriam as metas, sendo dividido ao meio. No centro, colocava-se uma bola pequena, ficando cada equipe perfilada no fundo do campo (uma de cada lado); após receberem autorização, os jogadores lançavam-se em direção à bola, que podiam conduzir com os pés ou com as mãos, sendo, portanto, tal prática, a precursora do *rugby*.[3]

---

(1) ZAINAGHI, Domingos Sávio. *Os atletas profissionais de futebol no direito do trabalho*. São Paulo: LTr, 1998. p. 17.
(2) *Ibidem*, p. 24.
(3) *Ibidem*, p. 25.

Já da Idade Média, temos relatos de práticas esportivas que lembravam o futebol na Bretanha e na Normandia. Estes jogos, porém, não tinham regras e eram reconhecidamente violentos.

Ainda nesse período, no território em que hoje se situa Florença, há relatos sobre atividades semelhantes ao futebol:

> Na Idade Média também apareceu na Itália uma prática esportiva denominada *cálcio*, mais precisamente em Florença. Este jogo era disputado por 27 pessoas, com a utilização das mãos e pés, e o objetivo era levar uma bola até dois postes localizados nas extremidades do campo, que era, por sua vez, dividido ao meio. Conta-se que, neste jogo, participavam até papas e monarcas.[4]

Esse jogo foi levado à Inglaterra sob o nome de *harpastum*, chegando, inclusive, devido a sua violência, a ter suas partidas proibidas pelos reis Eduardo II, em 1314, e Eduardo III, em 1349.

Porém, devido ao desejo das comunidades locais pela prática esportiva, surgiu, oriundo deste, um outro jogo. Segundo Domingos Sávio Zainaghi:

> Surge no século XVI um jogo denominado *hurling over country*, praticado entre habitantes de duas cidades, utilizando-se de uma bola, devendo esta ser levada até a praça central da cidade adversária, sagrando-se vencedora a equipe que conseguisse tal intento.
>
> O *hurling over country* transformou-se em *hurling at gols*, praticado por equipes com 40 a 60 jogadores. O campo tinha 100 m de comprimento por 30 m de largura, com dois postes nas extremidades, fazendo ponto a equipe que conseguisse fazer a bola ultrapassar a linha entre os postes. Trata-se de uma prática esportiva também muito parecida com o *rugby*.[5]

A partir deste esporte, surgiram duas associações, cada uma cuidando de uma ramificação. Em 1863, os defensores do esporte praticado com os pés fundaram a *Football Association*, enquanto os defensores da prática do esporte com as mãos fundaram a *Rugby Union*, em 1871. A partir daí, o esporte se difundiu em toda a Europa, migrando rapidamente para a América.

Por conta deste fenômeno, surgiu em 1904 a *Fédération Internationale de Football Association — FIFA*, que em português significa Federação Internacional de Associação de Futebol, sendo a responsável pelo futebol em todo o mundo. Dessa forma, o futebol passou a ter uma federação unificada, para regulamentar sua prática.

---

(4) ZAINAGHI, Domingos Sávio. *Op. cit.*, p. 25.
(5) *Idem*.

1.1.2. O início do futebol do Brasil

Como mencionado acima, o futebol teve sua consolidação histórica no continente europeu e seria questão de tempo para que migrasse para o nosso país.

A primeira partida de que se tem notícia, em nosso território, foi disputada, segundo afirma Zainaghi, no Rio de Janeiro:

> O futebol chegou ao Brasil em 1878, através dos tripulantes do navio "Crimeia", que, ao chegarem ao Rio de Janeiro, disputaram uma partida na R. Paissandu. Nesse período foram disputadas partidas em São Paulo e em Jundiaí, havendo informações de que um sacerdote introduziu a novel prática esportiva entre os alunos do colégio São Luiz de Itu.[6]

Porém, é indiscutível que o patrono do futebol brasileiro foi Charles Miller, que em 1894, aos vinte anos, após retornar de seus estudos na Inglaterra, desem-barcou em São Paulo com duas bolas para a prática do esporte por que se apaixonara na universidade onde havia estudado.

Nessa época, reuniu um grupo de ingleses e os dividiu em dois times, um com o nome *The Team Gaz* e outro chamado *The São Paulo Railway*, para que disputassem uma partida. Era 15 de abril de 1894, em um campo da Companhia Viação Paulista.

Filho de um inglês com uma brasileira, Charles Miller tinha um motivo justificado para o nome de seu time ser *The São Paulo Railway*:

> O pai de Miller viera ao Brasil para trabalhar na São Paulo Railway, ou San Paulo (Brazilian) Railway Company Limited, como consta nos documentos da empresa na Inglaterra, em meio ao *boom* da construção de ferrovias no Brasil. Em 1851, havia apenas 15 quilômetros de estradas de ferro no país; menos de 70 anos depois, esse número saltaria para cerca de 28.600 quilômetros. O capital para este tipo de construção era basicamente inglês, primeiro apenas como investimento indireto, depois com empresas totalmente britânicas atuando no setor.[7]

Miller foi tricampeão paulista de futebol, nos anos de 1902, 1903 e 1904. Por conta disso, conquistou grande importância para o futebol brasileiro, tendo seu nome sido doado à praça defronte ao Estádio Municipal do Pacaembu, em São Paulo, cidade onde nasceu e desenvolveu toda a sua carreira futebolística.

Entretanto, não podemos nos furtar da importância histórica dos ingleses para o desenvolvimento do futebol no país. Vindos ao Brasil para trabalhar em nosso projeto de expansão ferroviária, trouxeram, também, suas habilidades com a bola.

---

(6) *Ibidem*, p. 28.
(7) GUTERMAN, Marcos. *O futebol explica o Brasil*. São Paulo: Contexto, 2009. p. 14.

Tanto que a maneira como os ingleses jogavam futebol ficou, pelo menos em um primeiro momento, entranhada em nossa cultura.

Há bons casos que mostram esse espírito. Num jogo, em 1899, entre Mackenzie e um time formado pela comunidade alemã de São Paulo, o professor Augusto Shaw, organizador do Mackenzie, advertiu um de seus jogadores, dizendo que não poderia entrar em campo se não ajeitasse a sua gravata.[8]

Assim, enfatizamos, é indiscutível a importância dos ingleses e sua influência para o desenvolvimento do futebol em nosso país.

1.1.3. A PROFISSIONALIZAÇÃO DO FUTEBOL BRASILEIRO

Quando de sua chegada ao país, o futebol era restrito às pessoas com maior poder aquisitivo. Era negada a prática desta modalidade esportiva aos mais humildes e aos negros.

A primeira federação a surgir foi a Liga Paulista de Futebol, em 1901. A criação de uma Liga Nacional se deu apenas em 1914, formada por oito associações regionais, que lhe deram o nome de Federação Brasileira de Sports — FBS. Esta foi o embrião da Confederação Brasileira de Desportos — CBD, em 5 de dezembro de 1916.

Todavia, houve um período em que o futebol deixou de ser amador, porém ainda sem se tornar profissional. Embora tal assertiva nos pareça estranha, isso ocorreu em virtude do interesse dos clubes em vencer campeonatos, originando um interesse na criação de formas de potencializar os clubes, segundo descreve Marcos Guterman:

> Escancarou-se o chamado "falso amadorismo". Para atuar nos campeonatos, os jogadores tinham de ter algum emprego. Como não interessava aos clubes abrir mão de certos atletas desempregados, inventavam-se empregos fictícios para eles apenas para constar. Multiplicavam-se casos de pagamento de prêmios (o hoje chamado "bicho") por vitória. Tudo isso era proibido pelos regulamentos, mas a enorme popularização do futebol verificada já nos anos 1920, tornando-se o esporte de todas as classes sociais, levou os clubes a ignorar ou driblar as normas para montar os melhores e mais competitivos times.[9]

Então, a partir desse crescimento do esporte, começou a haver uma necessidade clara de iniciar um processo de profissionalização do futebol. Afinal, os atletas que

---

(8) *Ibidem*, p. 20.
(9) *Ibidem*, p. 54.

mais se destacavam eram reconhecidamente das camadas mais humildes da sociedade, contrariamente ao que se via nos tempos iniciais da modalidade em nosso país.

Apenas em 1933, durante o governo de Getúlio Vargas, foi iniciada a profissionalização do futebol, que se manteve amador até então. Com esta medida, os negros e pobres acabaram por ampliar seu espaço de atuação, haja vista que os maiores craques da época eram negros ou mulatos. Segundo afirma Marcos Guterman:

> A primeira medida concreta neste sentido, no mundo do futebol, foi a intervenção legislativa esportiva, que até 1933 ainda determinava que o futebol era coisa para amadores. Assim os jogadores de futebol tornavam-se trabalhadores, o que abriu uma nova era para esse esporte no Brasil e deu às classes pobres uma nova e imensa possibilidade da ascensão. Entre as simbologias que Getúlio lutava para construir, essa certamente era uma das mais potentes.[10]

Logo após a profissionalização, o nosso futebol já começou a colher bons resultados. Em apenas cinco anos, na Copa de 1938, o Brasil conquistou o terceiro lugar, sendo eliminado pela já bicampeã Itália. Na Copa seguinte, a de 1950 (não houve Copas Mundiais nos anos de 1942 e 1946 em virtude da Segunda Grande Guerra), o Brasil foi o país anfitrião, tendo se classificado como vice-campeão, perdendo o título para o outro bicampeão da época, o Uruguai. A partir desse momento, nossa equipe começou a se tornar vitrine, algo que se potencializaria com a conquista do primeiro Mundial, em 1958.

A profissionalização do futebol brasileiro gerou um aumento em seu custo e, por consequência, algumas medidas para sua garantia foram tomadas. Para que o Brasil não perdesse seus principais talentos para o exterior, o esporte passou a ser tratado como um negócio.

1.2. O INSTITUTO DO PASSE

1.2.1. História e sua criação

O passe foi criado com a profissionalização do futebol, em 1933. Antes dele, os atletas, seduzidos por altos salários, deixavam o país para jogar no continente europeu.

Isso ocorria, inclusive, pelo fato de o regramento da FIFA não ser tão determinante como atualmente. Há casos de jogadores brasileiros que se naturalizaram

---

(10) *Ibidem*, p. 81.

italianos e foram campeões do mundo em 1934, pela "esquadra azurra". O mais famoso é o do jogador Filó (Amphilogino Guarisi), campeão paulista pelo Paulistano e Corinthians, transferido para Lazio, em 1932, naturalizando-se italiano.

Na Europa, já havia o passe, que consistia no seguinte: independentemente de contrato, o atleta pertencia a seu clube formador. Este tinha o direito de o vender para outra agremiação e assim por diante. Portanto, mesmo o atleta não tendo contrato com o clube dono de seu passe, ele não poderia assiná-lo com outro, exceto se houvesse interesse de venda do esportista para o clube interessado. Não são poucos os casos de jogadores que ficaram um, dois ou mais anos sem poder exercer sua profissão devido a esta regra do passe.

Por esta razão, o passe é, certamente, um dos instrumentos mais controvertidos da história do Direito Laboral.

No Brasil, o instituto do passe foi regulamentado em 24 de março de 1964, mediante o Decreto n. 53.820, sendo este aprovado durante o governo de João Goulart. Abordava também outras questões, mas especificamente as relativas à "profissão de atleta de futebol".

Estipulou-se, então, que o esportista, para ser compensado pelo vínculo por tempo indefinido ao seu empregador, teria o direito de receber uma indenização no importe de 15% da transação de venda, quando ela ocorresse. Então, para que fosse cedido a outro clube, o atleta teria de concordar com a negociação.

Houve outras regulamentações administrativas, conforme preceitua Domingos Sávio Zainaghi:

> Em nível administrativo, a Deliberação n. 9/67, de 24 de novembro de 1967, do Conselho Nacional de Desportos, regulamentou de forma exaustiva o instituto do passe, tratando do prazo, de estipulação de valor do mesmo, de cessão por empréstimo, do "passe livre" (aos atletas com trinta e quatro anos de idade ou dez anos consecutivos de contrato de trabalho com o mesmo empregador) etc.[11]

O passe também foi regulamentado por outras Resoluções, primeiramente a de n. 10/86, e posteriormente a Resolução n. 19/88, que só foram revogadas em 31 de dezembro de 1997, com o início do processo de desobrigação do instituto do passe.

1.2.2. FUNDAMENTAÇÃO LEGAL

Embora seja considerada absurda pelo ponto de vista constitucional nos dias atuais, em 1976 a Lei n. 6.354 era a base do instituto do passe. O que vale a pena

---

(11) ZAINAGHI, Domingos Sávio. *Op. cit.*, p. 110.

salientar é que o passe era um instituto internacional, sancionado pela FIFA, então todas as Constituições democráticas do mundo, teoricamente, estavam sendo feridas por tal instituto.

O art. 11 da Lei n. 6.354/76 afirma que:

> **Art. 11**. Entende-se por passe a importância devida por um empregador a outro, pela cessão do atleta durante a vigência do contrato ou depois de seu término, observadas as normas desportivas pertinentes.

Então, o instituto do passe vigorava durante o contrato de trabalho e após, uma vez que o atleta não poderia se desligar do clube sem a anuência deste, mesmo estando sem contrato de trabalho em vigor.

Numa análise fria nos fatos, coloca-se a seguinte situação:

> Determinado atleta, com renome e sendo considerado um dos melhores em sua posição, tem seu contrato finalizado, mas não entra em um acordo salarial com o clube dono de seu passe. Nessa situação, ou fica sem contrato e salário, ou é obrigado a aceitar a proposta já feita. Uma opção seria ele mesmo comprar seu passe, tomando, a partir daí, o controle sobre sua carreira. Porém, para isso, precisaria ter recursos suficientes, o que provavelmente era inviável. Poderia também ser negociado com outro clube. No entanto, findo o novo contrato, voltaria à mesma situação anterior, humilhante e constrangedora.

Para se ter noção do absurdo da referida norma, veremos agora o art. 29 da Lei n. 6.354/76:

> **Art. 29.** Somente serão admitidas reclamações à Justiça do Trabalho depois de esgotadas as instâncias da Justiça Desportiva, a que se refere o item III do art, 42 da Lei n. 6.251, de 8 de outubro de 1975, que proferirá decisão final no prazo máximo de 60 (sessenta) dias contados da instauração do processo.

O atleta profissional era proibido de procurar seus direitos imediatamente na Justiça Trabalhista. Antes deveria esgotar todas as instâncias na Justiça Desportiva. Esse atleta levaria tempo demais para percorrer todas as instâncias na Justiça Desportiva antes de adentrar na esfera trabalhista. Não havia condições de se aventurar, ainda mais se considerarmos uma vida profissional útil de no máximo vinte anos, jogando em alto nível por no máximo oito anos. A parada de um ano poderia acarretar um efeito desastroso na carreira do atleta.

Nossa Constituição Federal contempla o acesso à Justiça como um dos mais importantes institutos do Estado Democrático de Direito, o que só vem a comprovar como este instituto adequava-se ao direcionamento político da época. Lembramos que o Brasil passava por um regime militar com regras rígidas e alguns direitos fundamentais suprimidos.

José Afonso da Silva afirma, sobre o acesso à Justiça e sua importância para a Democracia:

> O art. 5º, XXXV, declara: a lei não excluirá da apreciação do Poder Judiciário lesão ou ameaça a direito. Acrescenta-se agora a ameaça de direito, o que não é sem consequência, pois possibilita o ingresso em juízo para assegurar direitos simplesmente ameaçados. Isso já se admitia, nas leis processuais, em alguns casos. A Constituição amplia o direito de acesso ao Judiciário, antes da concretização da lesão.
>
> A primeira garantia que o texto revela é a que cabe ao Poder Judiciário o monopólio da jurisdição, pois sequer admite mais o contencioso administrativo que estava previsto na Constituição revogada. A segunda garantia consiste no direito de invocar a atividade jurisdicional sempre que se tenha como lesado ou simplesmente ameaçado um direito, individual ou não, pois a Constituição já não mais qualifica o individual, no que andou bem, porquanto a interpretação sempre fora a de que o texto anterior já amparava direitos, p. ex., de pessoas jurídicas de outras instituições ou entidades não individuais, e agora hão de levar-se em conta os direitos coletivos também.[12]

Antônio Cláudio da Costa Machado preceitua sobre tal princípio, fundamentado em nossa Constituição Federal atual, no art. 5º, inciso XXXV, em relação à Justiça Desportiva:

> Dependendo do prisma pelo que se enxerga a norma constitucional sob análise, é possível ao intérprete tanto vislumbrar o que se tem chamado de princípio da inafastabilidade jurisdicional, como aquilo que costuma denominar o princípio do acesso à justiça ou, simplesmente, direito constitucional de ação. Assim é porque, ao Estado-Legislador, o destinatário primeiro em regra, fica terminantemente proibido excluir "da apreciação do poder judiciário lesão ou ameaça de direito", o que significa dizer que a lei ordinária não pode impedir o juiz de processar e julgar qualquer coisa que alguém deseje levar a juízo por meio da ação. Neste sentido observa que a Constituição não mais condiciona o acesso à Justiça ao prévio esgotamento das vias administrativas, mas o faz em relação à disciplina das competições desportivas para que o judiciário só admita ações, uma vez esgotadas "as instâncias da Justiça Desportiva, reguladas em lei" (art. 217, § 1º, da CF).[13]

---

(12) SILVA, José Afonso da. *Curso de direito constitucional positivo*. 30. ed. São Paulo: Malheiros, 2008. p. 431.
(13) MACHADO, Antônio Cláudio da Costa. *Código de processo civil interpretado e anotado*. 2. ed. São Paulo: Manole, 2008. p. 9.

O que está demonstrado quanto ao acesso à Justiça, frente à Justiça Desportiva, é que apenas as punições relativas a competições deverão ter esgotadas todas esferas da Justiça Desportiva antes de adentrar à Justiça Comum. Isso embora a FIFA seja bem enérgica no que tange a punições neste sentido, não permitindo que clubes e atletas deixem de buscar a Justiça Comum nos referidos casos.

Após nossa nova Carta Constitucional, tornou-se insustentável juridicamente não levar os casos relativos ao passe à Justiça do Trabalho, afinal, o texto é bem claro. Nos casos relativos a contrato de atletas, estes podem procurar diretamente a via judicial, sem necessidade de qualquer procedimento nas esferas administrativas.

O art. 13 da Lei n. 6.354/76, em seu segundo parágrafo, trata da indenização paga aos atletas a título de luvas quando de sua transação.

> **Art. 13.** Na cessão do atleta, poderá o empregador cedente exigir do empregador cessionário o pagamento do passe estipulado de acordo com as normas desportivas, segundo os limites e as condições estabelecidas pelo Conselho Nacional de Desportos.
>
> § 2º O atleta terá direito a parcela de, no mínimo, 15% (quinze por cento) do montante do passe, devidos e pagos pelo empregador cedente.

Assim, enfatizando, o atleta teria direito a receber 15% do valor pelo qual ele era negociado, embora pudesse optar por se transferir ou não. Geralmente, por medo de represálias, acabava por concordar com o novo contrato, tendo, dessa forma, um "novo dono".

Rinaldo Martorelli, Presidente do Sindicato dos Atletas Profissionais de São Paulo, ex-jogador de futebol, sofrera com tal procedimento, afirmando sobre o passe:

> O empresário conduzia a negociação para renovação de acordo com seu interesse. Se o atleta não se curvasse às propostas apresentadas, ele era simplesmente encostado por algum tempo até que aceitasse. Era o castigo.[14]

Não é aceitável, em hipótese alguma, independentemente da paixão que o dirigente ou torcedor tenha por um clube, que o profissional seja impedido de exercer sua atividade, com a qual provê o sustento seu e de sua família, seus dependentes.

1.2.3. Natureza jurídica do passe

Quando pensamos na natureza jurídica do passe, em relação ao clube, a melhor definição é trazida por Domingos Sávio Zainaghi:

---

(14) RIBEIRO, André; GÓES, Denise; MOTTA, Laís Duarte. *Uma ponte para o futuro*. Rio de Janeiro: Gryphus, 2007. p. 45.

> O passe tem natureza jurídica de indenização, uma vez que se trata de um ressarcimento ao clube cedente pela perda de um jogador de seus quadros para outro clube.[15]

Já em relação ao atleta profissional, no tocante ao recebimento dos 15% relativos a cada transação, a natureza jurídica seria de remuneração, conforme preceitua o mesmo citado autor:

> Quanto ao atleta, a natureza jurídica do passe é de remuneração, já que não indeniza nenhum prejuízo ou despesas do mesmo e, ainda é pago pelo empregador (cedente). Mesmo a estipulação em que o cessionário fica responsável pelo pagamento da referida parcela, não tira a natureza jurídica de remuneração.[16]

Deste modo, o pagamento de luvas não deixa de ter caráter compulsório, razão pela qual faz parte dos recebimentos do contrato do atleta profissional de futebol.

Entretanto a Lei n. 6.354/76, em seu art. 13, § 3º, criava um obstáculo de recebimento para os atletas, uma vez que não poderiam voltar a receber valores relativos a luvas oriundas do passe se já os tivessem recebido nos trinta meses anteriores.

Esse artigo tinha o objetivo de punir o atleta que trocasse de clube reiteradamente, o que, em nossa opinião, passa a não ter muito sentido, uma vez que o clube era o detentor do passe. Se o vendesse antes, seria para aumentar seus próprios lucros, razão pela qual deveria, por justiça, retribuir tais dividendos a seu empregado, na proporção estabelecida por lei.

1.3. Terminação do contrato e "passe livre"

1.3.1. Constituição Federal de 1988

A Constituição de 1988 foi a primeira de nosso país que tratou do desporto em geral, em seu art. 217, iniciando a mudança de um pensamento colonial para uma visão mais moderna, voltada ao futuro e aos direitos do cidadão.

> **Art. 217.** É dever do Estado fomentar práticas desportivas formais e não formais, como direito de cada um, observados:
>
> I — a autonomia das entidades desportivas dirigentes e associações, quanto a sua organização e funcionamento;

---

(15) ZAINAGHI, Domingos Sávio. *Op. cit.*, p. 117.
(16) *Idem.*

II — a destinação de recursos públicos para a promoção prioritária do desporto educacional e, em casos específicos, para a do desporto de alto rendimento;

III — o tratamento diferenciado para o desporto profissional e o não profissional;

IV — a proteção e o incentivo às manifestações desportivas de criação nacional.

Esta foi considerada, na época, uma grande vitória para os desportistas profissionais e para o ordenamento jurídico como um todo, pois não devemos esquecer que a partir daí começou a se dar autonomia para os clubes regerem suas relações, já que até então havia um único modelo de organização.

Como outrora colocado, o art. 5º, inciso XXXV, foi um grande avanço para nossa justiça, pois o acesso a ela passou a ser direito dos atletas em suas relações laborais.

A partir daí, surgiu a necessidade emergente de modificação da lei desportiva, que levou à Lei Zico.

1.3.2. Lei Zico

Em 1990, no governo do Presidente Fernando Collor de Mello, a Secretaria de Desportos desvinculou-se do Ministério da Educação, ganhando *status* de Ministério.

O convidado para assumir a pasta foi Artur Antunes Coimbra, ou simplesmente Zico, como era chamado o craque da Seleção Brasileira das décadas de 1970 e 1980. Tendo sido Presidente do Sindicato dos Atletas do Rio de Janeiro, era o homem ideal para o cargo, já que apresentava ligação com os esportistas.

Sob o n. 8.672, de 6 de julho de 1993 — Zico não viu a lei que leva seu nome ser aprovada em sua gestão, pois pediu demissão em 1991 —, esta lei certamente teve como grande avanço os arts. 22 e 23.

> **Art. 22.** A atividade do atleta profissional é caracterizada por remuneração pactuada em contrato com pessoa jurídica, devidamente registrado na entidade federal de administração do desporto, e deverá conter cláusula penal para as hipóteses de descumprimento ou rompimento unilateral.
>
> § 1º A entidade de prática desportiva empregadora que estiver com pagamento de salários dos atletas profissionais em atraso, por período superior a três meses, não poderá participar de qualquer competição oficial ou amistosa.
>
> § 2º Aplicam-se ao atleta profissional as normas gerais de legislação trabalhista e da Seguridade Social, ressalvadas as peculiaridades expressas nesta Lei ou integrantes do contrato de trabalho respectivo.

Art. 23. O contrato de trabalho do atleta profissional terá prazo determinado, com vigência não inferior a três meses e não superior a trinta e seis meses.

A partir de então, surge uma grande mudança no nosso Direito Desportivo do Trabalho, pois a Lei Zico foi a propulsora da Lei Pelé, a qual objetivava eliminar o instituto que tanto prejudicava os atletas profissionais de futebol. Ressalte-se que, quando a Europa decidiu acabar com o passe, cuja aplicabilidade naquele continente prejudicava os clubes brasileiros, tornou-se mais fácil extingui-lo em nosso país.

1.3.3. Lei Pelé

Conforme mencionamos, o passe foi um instituto importado dos países europeus. Pode-se, então, afirmar que, embora houvesse um movimento para o extinguir no Brasil, muito provavelmente isso não se daria por conta apenas de nossa vontade legislativa.

O famoso "Caso Bosman", que será tratado em outro momento, foi, sem dúvida, o estopim para o fim deste instituto.

De qualquer forma, Edson Arantes do Nascimento, ou Pelé, maior jogador de futebol de todos os tempos, ao assumir o Ministério dos Esportes, teve entre seus principais objetivos acabar com o passe.

Com o intuito de criar uma nova lei para as relações no esporte, selecionou um conjunto de juristas. Essa Lei n. 9.615, sancionada em 24 de março de 1998 pelo então Presidente Fernando Henrique Cardoso, estipulou um prazo para o fim do passe em seu art. 93, que aduz: "O disposto no § 2º do art. 28 somente entrará em vigor após três anos a partir da vigência desta Lei".

O art. 28 era justamente o que tratava do fim do instituto do passe. Os clubes de futebol teriam, então, até 26 de março de 2001 para se adaptarem. Entretanto este artigo, para alguns legisladores, foi omisso em relação ao direito adquirido. Foi dada, então, nova redação pela Lei n. 9.981, de 14 de julho de 2000:

Art. 93. O disposto no art. 28, § 2º, desta Lei somente produzirá efeitos jurídicos a partir de 26 de março de 2001, respeitados os direitos adquiridos decorrentes dos contratos de trabalho e vínculos desportivos de atletas profissionais pactuados com base na legislação anterior.

Segundo Domingos Sávio Zainaghi, tal alteração foi totalmente desnecessária: "Entendemos que não havia necessidade de tal alteração, uma vez que a Constituição Federal já tratava (e trata) do direito adquirido no inciso XXXVI, do art. 5º".[17]

---

(17) ZAINAGHI, Domingos Sávio. *Nova legislação desportiva*: aspectos trabalhistas. 2. ed. São Paulo: LTr, 2004. p. 51.

Na verdade, a pressão que havia era dos clubes, que temiam justamente ter problemas com seus contratos vigentes no momento em que fosse decretado o fim do passe.

Ainda houve a Resolução n. 1 do Instituto Nacional de Desenvolvimento do Desporto — INDESP, de 17 de outubro de 1996, a qual regulamentava o art. 26 da Lei Zico. Por ela, a partir de 1º de janeiro de 1998, já se concedia aos atletas com 27 anos de idade, ou mais, o direito de se transferirem para qualquer clube, desde que não estivessem com contrato de trabalho vigente, caso em que deveriam aguardar até seu encerramento para poder realizar a troca.

Esta resolução também desenvolveu um escalonamento preparatório para o fim do passe, em seus arts. 17 e 18. Vejamos:

Art. 17. Durante o ano civil de 1999, o atleta profissional que completar 26 anos de idade estará livre para se transferir, nos termos do art. 5º da presente resolução.

Art. 18. A partir do ano civil de 2000, o atleta profissional que completar 25 anos de idade, estará livre para se transferir, nos termos do art. 5º desta resolução.

O art. 5º citado reza:

Art. 5º O atleta profissional de futebol, enquadrado nas hipóteses dos arts. 16, 17 e 18 da presente Resolução, estará livre para se transferir para qualquer outra entidade de prática desportiva do mesmo gênero, desde que preencha um dos seguintes requisitos:

I — esteja sem contrato de trabalho;

II — aguarde o encerramento do contrato vigente;

III — rescinda o contrato vigente, na forma prevista no próprio contrato ou nos termos da Consolidação das Leis do Trabalho — CLT;

IV — receba liberação da entidade de prática desportiva à qual esteja vinculado.

Parágrafo único. A transferência do atleta com passe livre para entidade de prática desportiva no exterior é livre.

Podemos estabelecer uma analogia entre o processo que levou ao fim do passe ao que conduziu à abolição da escravidão no Brasil, sem qualquer menção comparativa entre ambos. Melhor esclarecendo, ambos são partes de um processo visando a uma necessidade oriunda do continente europeu. No caso em tese, acabou por influenciar a FIFA à tomada de uma decisão.

Contudo, o artigo cuja redação determinou o fim do passe é o de n. 28, da Lei n. 9.615, de 1998, também conhecida como Lei Pelé, que aduz:

Art. 28. A atividade do atleta profissional de todas as modalidades desportivas é caracterizada por remuneração pactuada em contrato formal de trabalho firmado com entidade de prática desportiva, pessoa jurídica de direito privado, que deverá conter, obrigatoriamente, cláusula penal para as hipóteses de descumprimento, rompimento ou rescisão unilateral.

§ 1º Aplicam-se ao atleta profissional as normas gerais da legislação trabalhista e da seguridade social, ressalvadas as peculiaridades expressas nesta Lei ou integrantes do respectivo contrato de trabalho.

§ 2º O vínculo desportivo do atleta com a entidade desportiva contratante tem natureza acessória ao respectivo vínculo trabalhista, dissolvendo-se, para todos os efeitos legais:

I – com o término da vigência do contrato de trabalho desportivo;

II – com o pagamento da cláusula penal nos termos do *caput* deste artigo; ou ainda

III – com a rescisão decorrente do inadimplemento salarial de responsabilidade da entidade desportiva empregadora prevista nesta.

Com este artigo, deixa de existir o instituto do passe e começa a viger um novo instituto nos contratos laborais dos atletas profissionais de futebol, a chamada cláusula penal, que será objeto de discussão mais adiante.

O fim do passe é visto por desportistas e juristas como a principal vitória legislativa de todo o percurso histórico de nosso esporte. Afinal, para muitos, o passe, em um sentido estrito, colocava o jogador de futebol na condição de escravo de seu empregador, uma vez que se este quisesse, o atleta ficaria sem contrato, ou seja, sem receber, e proibido de exercer a sua profissão.

1.4. O FIM DO PASSE NO DIREITO INTERNACIONAL

1.4.1. O "CASO BOSMAN"

Jean-Marc Bosman era um jogador de futebol profissional belga, que atuava no R. C. Liége.

Em 1990, como no Brasil, a Lei do Passe estava instituída na Europa, uma vez que a FIFA adotava tal instituto. Entretanto, Bosman estava disposto a conseguir o que desejava.

O atleta tinha o encerramento de seu contrato datado para 30 de junho de 1990. Após esse período, não receberia mais qualquer valor de seu clube a título de vencimentos. Bosman recebia mensalmente o valor de 120.000 francos belgas (BFR).

Seu clube, na renovação do contrato, ofereceu-lhe o valor de 30.000 (BFR) mensais, ou seja, o jogador perceberia um valor quatro vezes menor que o do contrato anterior.

O atleta não firmou acordo e seu passe foi fixado no valor de 11.743.000 (BFR), quantia a ser paga por clubes interessados em sua compra.

Entretanto, não houve interessados em pagar o valor estipulado pelo clube. O atleta, então, iniciou contatos com o clube francês US Dunkerque, sendo que este era da 2ª divisão do campeonato francês e lhe ofereceu um valor de 100.000 (BFR) mensais, além de um valor de 900.000 (BFR) a título de luvas.

O atleta voltou-se ao seu clube com o objetivo de efetuar a transação para que pudesse atuar livremente. Ficou acertado um pagamento de 1.200.000 (BFR) por sua transferência pelo período de um ano, um negócio conhecido no futebol por contrato de empréstimo. Após esse período, o clube francês pagaria o valor de 4.800.000 (BFR) pelo passe do jogador.

A Federação Belga duvidava da capacidade financeira do clube francês, por este ser, obviamente, um clube de pequeno porte. Não emitiu o certificado de transferência do atleta, o que inviabilizou o ajuste.

Inconformado com tal situação, Bosman tomou uma decisão inusitada para aquele tempo. Em 8 de agosto de 1990, por estar impedido de trabalhar desde 31 de julho, pois não possuía um contrato em vigor, o atleta entrou com um processo no Tribunal de 1ª Instância da Liga contra seu clube.

Após tal procedimento, tanto a Federação de Futebol Belga quanto a UEFA passaram a fazer parte do polo passivo do referido processo. Estes órgãos, por sua vez, alegaram seguir o que era determinado pelo regramento UEFA-FIFA para negar sua transferência.

No seu pedido, Bosman solicitava que o Tribunal Nacional declarasse que as regras estavam incompatíveis com o que fora acordado no Tratado de Roma, aprovado em 25 de março de 1957, que servia de norte às relações entre países da comunidade europeia desde então.

O Tribunal Nacional remeteu para o Tribunal de Justiça europeu, tendo este considerado que a normativa contrariava o tratado que permitia aos trabalhadores circular livremente pelos países europeus, uma vez que seu contrato de trabalho já havia terminado.

A base legal para tal afirmação é o artigo 48 do referido tratado, descrito abaixo:

Art. 48.

1. A livre circulação dos trabalhadores deve ficar assegurada, na comunidade, o mais tardar no termo do período de transição.

2. A livre circulação dos trabalhadores implica a abolição de toda e qualquer discriminação em razão da nacionalidade, entre os trabalhadores dos Estados-membros, no diz respeito ao emprego, à remuneração e demais condições de trabalho.

3. A livre circulação dos trabalhadores compreende, sem prejuízo das limitações justificadas por razões de ordem pública, segurança pública e saúde pública, o direito de:

   a) Responder a ofertas de emprego efetivamente feitas;

   b) Deslocar-se livremente, para o efeito, no território dos Estados-membros;

   c) Residir num dos Estados-membros a fim de nele exercer uma atividade laboral, em conformidade com as disposições legislativas regulamentares e administrativas que regem o emprego dos trabalhadores nacionais;

   d) Permanecer no território de um Estado-membro depois de nele ter exercido uma atividade laboral, nas condições que serão objetivo de regulamentos de execução a estabelecer pela Comissão.

Pode-se afirmar, então, que já existia um instrumento jurídico para liberação do passe; apenas não fora ainda utilizado pelos atletas. Isso porque era proibido, sob qualquer aspecto, limitar a circulação de trabalhadores europeus.

Já a federação belga alegou que tal instituto tinha por objetivo manter o equilíbrio econômico, a fim de resguardar os jovens talentos. A intenção seria a de que os clubes com menor poder financeiro investissem neles. Então o Tribunal alegou ser necessário que os clubes buscassem outros mecanismos, pois este era ilegal, segundo o que foi acordado no tratado.

Após cinco anos, ou seja, em 15 de dezembro de 1995, foi criada uma jurisprudência europeia pelo Tribunal de Justiça europeu, com sede em Luxemburgo, em favor de Bosman, permitindo a livre circulação de trabalhadores — neste caso os atletas de futebol — no continente europeu. Essa data é considerada histórica para o fim da Lei do Passe na Europa e, consequentemente, geraria efeitos imediatos por todo o mundo.

Após esse episódio, foi criado um impasse, pois havia clubes europeus que não pertenciam à União Europeia. Porém, todos os grandes clubes europeus eram de Países-membros, deste modo, teriam de resolver tal questão, do contrário poderiam ser prejudicados em uma decisão futura.

A solução foi a criação do Regulamento de Transferências de Jogadores, em setembro de 2001, aprovado em Buenos Aires, em 7 de julho de 2001.

Rinaldo José Martorelli afirma sobre tal regulamento:

> O avanço é de vital importância para os futebolistas de todo o mundo, pois o Regulamento de Transferências cria a possibilidade de os conflitos

laborais, seja em questões de inadimplemento salarial, seja em questões das transferências específicas, sejam analisados e resolvidos por uma comissão, também estabelecida com o surgimento do novo Regulamento, pois, para própria finalidade. Foi criada, então, a Câmara de Resolução de Disputas — CRD, órgão esse de representação paritária (10 membros nomeados por representação dos clubes e 10 membros nomeados por representação dos atletas). Os representantes dos jogadores são indicados pela Federação Internacional de Futebolistas Profissionais — FIFPro, órgão sindical mundial com participação de 44 países-membros e dos clubes são indicados pelas federações continentais.[18]

Embora Bosman não seja considerado um jogador de grande destaque no cenário internacional, foi, sem dúvida, a maior bandeira de libertação dos atletas do instituto denominado como passe.

---

(18) MARTORELLI, Rinaldo José. Transferência de atletas: conflitos, regulamento de agentes. In: MACHADO, Rubens Approbato *et al.* (coord.). *Curso de direito desportivo sistêmico*. São Paulo: Quartier Latin, 2007. p. 321.

Capítulo 2

O PRINCÍPIO DA DIGNIDADE DA PESSOA HUMANA

2.1. O DESENVOLVIMENTO DO PRINCÍPIO DA DIGNIDADE DA PESSOA HUMANA

2.1.1. Breve relato histórico

Quando pensamos no princípio da dignidade da pessoa humana como princípio fundamental, logo nos vem o que este tem por característica ser a grande base dos direitos fundamentais.

Realmente, a assertiva acima faz total sentido. Porém, algo que nos parece óbvio pode não o ter sido ao longo da história da humanidade.

Cabe-nos construir um pequeno liame histórico, a fim de explicar apenas a origem de seu desenvolvimento, sem detalhar todos os seus focos evolutivos.

Na Idade Antiga, a dignidade era quantificada pela condição social do indivíduo, ou seja, a posição social determinava o quão digna era a pessoa humana.

Para melhor entendermos o pensamento antigo, em relação ao direito, recorremos ao saudoso Miguel Reale e à ideia de Direito Natural advinda da Grécia:

> A ideia de um Direito Natural, distinto do Direito Positivo, é muito antiga. Nós a encontramos nas manifestações mais remotas da civilização ocidental a respeito do problema da lei e da justiça, o mesmo ocorrendo na cultura do Oriente. Todavia, é entre os pensadores gregos que a

aceitação de um Direito Natural, como expressão de exigências éticas e racionais, superiores às do Direito Positivo e histórico, passa a ser objeto de estudos especiais, até de se converter em verdadeira "teoria". Pode-se dizer que, em linhas fundamentais dessa compreensão do Direito Natural, ainda perdura em nossa época, assistindo razão a Husserl quando nos lembra que, no tocante às ideias universais, somos todos "funcionários" da cultura grega.[19]

Já no pensamento estoico, a dignidade era algo inerente ao ser humano, pois os homens eram iguais em dignidade, justamente o que os diferenciava das outras espécies animais.

Aqui surge uma grande evolução no conceito, pois passa-se a atrelar a dignidade ao homem. Desta forma, é transmitido a nós o importante raciocínio de que o homem dignifica a atividade que exerce, e não o contrário, o que serve de conceito até para o desenvolvimento de nossa sociedade.

Em relação a Roma, é possível reconhecer a coexistência de um sentido moral (seja no que diz respeito às virtudes pessoais do mérito, integridade, lealdade, entre outras, seja na acepção estoica referida) e sociopolítico de dignidade (aqui no sentido da posição social e ocupada pelo indivíduo). Isso ocorreu a partir das formulações de Cícero, que desenvolveu uma compreensão de dignidade desvinculada do cargo de posição social, e o levou a Roma, uma sociedade que notadamente vinculava a condição humana à posição social. A partir desse momento, começa a ser difundido o verdadeiro conceito da dignidade humana atrelada ao indivíduo e não a sua condição diante da sociedade, alterando até mesmo o foco do sentido moral da sociedade.[20]

Na Idade Média, justamente pela enorme influência da Igreja Católica, o princípio da dignidade da pessoa humana passou a ser mais valorizado. Tomás de Aquino, inclusive, chegou a referir-se diretamente à expressão *dignitas humana*, ou dignidade humana, em seus pensamentos.

Segundo Ingo Wolfgang Sarlet, o espanhol Francisco de Vitoria foi importante para o desenvolvimento deste princípio fundamental:

> Para a afirmação da ideia de dignidade da pessoa humana, foi especialmente preciosa a contribuição do espanhol Francisco de Vitoria, quando no século XVI, no limiar da expansão colonial espanhola, sustentou, relativamente ao processo de aniquilação, exploração e escravização dos habitantes dos índios e baseado no pensamento estoico e cristão, que os indígenas, em função do direito natural e de sua natureza humana — e

---

(19) REALE, Miguel. *Lições preliminares do direito*. 27. ed. São Paulo: Saraiva, 2007. p. 310.
(20) SARLET, Ingo Wolfgang. *Dignidade da pessoa humana e direitos fundamentais na Constituição Federal de 1988*. 3. ed. Porto Alegre: Editora do Advogado, 2007. p. 31.

pelo fato de não serem cristãos, católicos ou protestantes — eram em princípio livres e iguais.[21]

Logo, se imaginarmos a importância de tal pensamento, podemos inclusive fazer uma conexão com o fim do passe. Afinal, assim como o instituto, a escravidão e a tomada dos territórios indígenas, por mais absurdas que sejam, eram fundamentadas legalmente por seus defensores. Porém este conceito pode ser desconstruído se, baseado no direito fundamental, forem definidos limites para a ação da lei.

Já quando pensamos no direito anglo-saxão, a Magna Carta, documento de 1215, aparece como um importante documento para o princípio da dignidade da pessoa humana. Entretanto, a exemplo dos documentos da época, a dignidade da pessoa humana estava diretamente atrelada às condições social e financeira do ser humano.

José Afonso da Silva afirma sobre a Magna Carta, usando citação de Albert Noblet:

> É dispensável descer à análise nos citados textos. Lembremos que a Magna Carta, assinada em 1215 mas tornada definitiva só em 1225, não é de natureza constitucional, "longe de ser Carta das liberdades nacionais é, sobretudo, uma carta feudal, feita para proteger os privilégios dos barões e os direitos dos homens livres. Ora, os homens livres, nesse tempo, ainda eram tão poucos que podiam contar-se, e nada de novo se fazia em favor dos que eram livres".[22]

Na visão jusnaturalista, Kant destaca-se por suas ideias, sendo considerado por muitos especialistas um norte para os estudos do tema.

Talvez o grande mérito de Kant seja justamente desatrelar este princípio do cunho religioso e trazê-lo para os estudos científicos, começando então a desenvolver seu fundamento, que seria de enorme valia para sua positivação nos mais diversos documentos constitucionais dos séculos XIX e XX.

Sua conhecida posição humanista atrelou o raciocínio para o enfoque da pessoa e não mais para o objetivo.

Talvez o grande erro da criação do instituto do passe tenha sido focar única e exclusivamente a garantia dos direitos dos clubes, sem analisar o outro sujeito envolvido, o atleta profissional de futebol.

Para fundamentarmos tal assertiva, citaremos Eduardo Carlos Bianca Bittar, sobre o racionalismo kantiano:

---

(21) *Ibidem*, p. 32.
(22) SILVA, José Afonso da. *Op. cit.*, p. 152.

É esse racionalismo kantiano que, posteriormente, irá redundar no idealismo hegeliano, e o real será dito racional e o racional será dito real. Quanto ao kantismo, é esta sua revolucionária concepção da teoria do conhecimento, que deposita sua importância no sujeito do conhecimento e não no objeto do conhecimento, que ficou conhecida e celebrizada pelas próprias palavras de Kant como a revolução copernicana (*kopernikanische* Wende) com relação ao que vinha entendendo Descartes.[23]

Se observarmos sempre a criação das leis sob a ótica dos sujeitos envolvidos, respeitaremos a sua dignidade. Toda e qualquer formulação legislativa deverá ter o foco voltado ao ser humano. Essa lição aprendemos com Kant.

Ainda em relação à visão advinda da igreja e trazida para a ciência sobre os direitos fundamentais, Manoel Gonçalves Ferreira Filho expõe:

> Essa base religiosa do Direito Natural foi substituída sem modificação profunda do edifício em sua exterioridade pela obra dos racionalistas do século XVII, Grócio e outros. Para estes o fundamento do Direito Natural não seria a vontade de Deus mas a razão, medida última do certo e do errado, do bom e do mau, do verdadeiro e do falso. Essa versão racionalista do Direito natural, inserida no Iluminismo, é que inspira as primeiras declarações.[24]

Então, podemos afirmar que, nesse momento, tal princípio fundamental deixou de ser apenas uma vontade divina para se tornar uma vontade da pessoa humana, ou seja, abandonou efetivamente o cunho divino para ter aplicação terrena.

Afinal, a lei é feita por homens para seus semelhantes. Deve, então, respeitar a vontade destes.

2.1.2. Conceituação terminológica do princípio

O princípio da dignidade da pessoa humana, conforme já relatado, é algo inerente à nossa natureza, de certa forma sempre invocada em nossa história.

Para preceituarmos o que significa a dignidade da pessoa humana, recorremos a Alexandre de Moraes:

> A dignidade é um valor espiritual e moral inerente à pessoa, que se manifesta singularmente na autodeterminação consciente e responsável

---
(23) BITTAR, Eduardo Carlos Bianca; ALMEIDA, Guilherme Assis de. *Curso de filosofia do direito*. 6. ed. São Paulo: Atlas, 2008. p. 301.
(24) FERREIRA FILHO, Manoel Gonçalves. *Curso de direito constitucional*. 34. ed. São Paulo: Saraiva, 2008. p. 290.

da própria vida e que traz consigo a pretensão de respeito por parte das demais pessoas, constituindo-se um mínimo invulnerável, que todo o estatuto jurídico deve assegurar, de modo que, somente excepcionalmente, possam ser feitas limitações do exercício dos direitos fundamentais, mas sempre sem menosprezar a necessária estima que merecem todas as pessoas enquanto seres humanos.[25]

Então, como direito humano este princípio sempre existiu, apenas não era positivado. De certa forma, na Magna Carta, de 1215, ele foi positivado, entretanto não da maneira que o conhecemos hoje.

A partir do momento em que veio a ser positivado nas constituições em todo o mundo, tornou-se um direito fundamental.

Na verdade, o conceito atual foi extraído do pós-guerra, afinal, o massacre propiciado pelo líder alemão Adolf Hitler fez com que a humanidade revisse conceitos básicos sobre a forma de tratar seus semelhantes.

Conforme preceitua Ingo Wolfgang Sarlet:

> Aliás, não é outro o entendimento que subjaz ao art. 1º da Declaração Universal da ONU (1948), segundo o qual "todos os seres humanos nascem livres e iguais em dignidade e direitos. Dotados de razão e consciência, devem agir uns para outros em espírito e fraternidade", preceito que, de certa forma, revitalizou e universalizou — após a profunda barbárie na qual se mergulhou a humanidade na primeira metade deste século — as premissas basilares kantianas.[26]

A Declaração Universal da ONU tinha por objetivo dar uma resposta ao mundo pós-guerra sobre os erros cometidos por líderes ditatoriais e suas intolerâncias. A busca pela paz passava diretamente por uma efetivação dos direitos humanos, uma vez que a reação à barbárie oriunda da guerra geraria apenas mais violência. Então, podemos afirmar que a efetiva positivação destes direitos humanos os tornou direitos fundamentais.

Flávia Piovesan comenta sobre a importância da internacionalização dos direitos humanos:

> A necessidade de uma ação internacional mais eficaz para a proteção dos direitos humanos impulsionou o processo de internacionalização destes direitos, culminando na criação sistemática normativa de proteção internacional, que faz possível a responsabilização do Estado no domínio

---
(25) MORAES, Alexandre de. *Direitos humanos fundamentais*. 8. ed. São Paulo: Atlas, 2007. p. 46.
(26) SARLET, Ingo Wolfgang. *Op. cit.*, p. 45.

internacional, quando as instituições nacionais se mostram falhas ou omissas na tarefa de proteção dos direitos humanos.[27]

Criou-se, a partir daí, um conceito mais global de dignidade da pessoa humana, ou seja, todos possuíam tanto direitos como deveres. Não adiantava exigir de alguém uma postura e não fazer a sua parte. Assim, caberia a todos resguardar e exigir este direito.

Ingo Wolfgang Sarlet afirma que,

> [...] por outro lado, pelo fato de a dignidade da pessoa humana encontrar-se ligada à condição humana de cada indivíduo, não há como se descartar uma necessária dimensão comunitária (ou social) desta mesma dignidade de cada pessoa e de todas as pessoas, justamente por serem iguais em dignidades e direitos (na iluminada fórmula da Declaração Universal de 1948) e pela circunstância de nesta condição conviverem em determinada comunidade ou grupo.[28]

Se trouxermos a seguinte assertiva para o lado prático, podemos afirmar que não adianta pessoas, comunidades, países, continentes e toda a humanidade utilizarem alguns aspectos referentes à dignidade da pessoa humana e ignorarem outros. Não basta proporcionar a alguns um sistema de saúde espetacular se outros indivíduos não tiverem o mínimo necessário. Não faz sentido uma empresa proporcionar trabalho digno a pessoas de um lugar, respeitando todos os seus direitos laborais, e comprar a manufatura de países que se utilizam do trabalho escravo.

A dignidade deve ser encarada como um conceito global, não abstrato, apenas para servir de formação de outros. Deve-se proporcionar dignidade a todos os envolvidos em todas as atividades. No caso específico do passe, não basta tratar com respeito os consumidores do esporte sem proporcionar aos atletas uma condição digna. Ou seja, obrigá-los, mesmo após o término de um contrato, a ficarem atrelados a um clube ao longo de diversos anos, até conseguirem a sua autonomia de trabalho, depois de esgotadas todas as instâncias da justiça desportiva.

Em uma análise final sobre o referido princípio, Ingo Wolfgang Sarlet afirma em sua obra:

> O que se percebe, em última análise, é que onde não houver respeito pela vida e pela integridade física e moral do ser humano, onde as condições mínimas para uma existência digna não forem asseguradas, onde não houver limitação de poder, enfim, onde a liberdade e a autonomia, a igualdade (em direitos e dignidade) e os direitos fundamentais não

---

(27) PIOVESAN, Flávia. *Direitos humanos e o direito constitucional internacional*. 2. ed. São Paulo: Max Limonad, 1997. p. 141.
(28) SARLET, Ingo Wolfgang. *Op. cit.*, p. 53.

forem reconhecidos e minimamente assegurados, não haverá espaço para a dignidade da pessoa humana e esta (a pessoa), por sua vez, poderá não passar de mero objeto de arbítrio e injustiças.[29]

Após a afirmação acima, devemos efetuar o seguinte questionamento: Será que o atleta profissional de futebol, durante o período em que vigorou o instituto do passe, tinha um tratamento digno sob o ponto de vista profissional? O fato de ficar impedido de trabalhar até que alguém comprasse o seu passe ou se esgotasse toda a esfera desportiva não feria o seu direito de exercer sua profissão? E se isso realmente ferisse sua dignidade, por que então o nosso legislador permitiu que tal instituto vigorasse por tanto tempo?

As perguntas ora elaboradas têm respostas claras aos olhos da lei, como analisaremos. O que nos ocorre é o porquê de o passe ter vigorado por tão longo tempo, mesmo tendo reconhecida a sua ilegalidade, inclusive após a declaração dos direitos humanos e apesar da positivação deste princípio nas diversas constituições mundiais, principalmente em nossa legislação.

2.1.3. A APLICAÇÃO DO PRINCÍPIO NO DIREITO BRASILEIRO

O princípio da dignidade da pessoa, como já abordado, serve de alicerce para a aplicabilidade dos outros direitos fundamentais, além de atuar como instrumento de equilíbrio social.

Tal é a importância deste artigo que ele foi introduzido na apresentação de nossa Carta Magna, ou seja, no art. 1º, inciso III, conforme descrito:

Art. 1º A República Federativa do Brasil, formada pela união indissolúvel dos Estados e Municípios e do Distrito Federal, constitui-se em Estado Democrático de Direito e tem como fundamentos:

III — a dignidade da pessoa humana.

Ao prescrever este direito fundamental em nossa Constituição, o legislador originário objetivou dar o destaque e a importância social que ele requer.

Entretanto, devemos pensar também em sua aplicabilidade, pois não adianta existir um princípio sem aplicação garantida e eficaz.

Recorremos ao art. 5º, em seu § 1º, para verificarmos o alcance da aplicabilidade do referido princípio.

Art. 5º Todos são iguais perante a lei, sem distinção de qualquer natureza, garantindo-se aos brasileiros e aos estrangeiros residentes no País a inviolabilidade do direito à vida, à liberdade, à igualdade, à segurança e à propriedade, nos termos seguintes:

---

(29) *Ibidem*, p. 61.

§ 1º As normas definidoras dos direitos e garantias fundamentais têm aplicação imediata.

Assim, toda e qualquer garantia fundamental tem aplicabilidade imediata. Agora nos cabe outra indagação, relativa ao instituto do passe: se nossa Constituição foi promulgada em 1988, por que demorou mais de dez anos para que fosse percebida a inconstitucionalidade do passe? Ademais, cumpre ressaltar que outros países também têm a dignidade como direito fundamental, e exigida de forma imediata, conforme descreve Ingo Wolfgang Sarlet:

> Conforme dispõe o art. 5º, § 1º, da nossa Constituição, "As normas definidoras dos direitos e garantias fundamentais têm aplicabilidade imediata".
>
> A previsão desta norma no título dos direitos fundamentais, atribui-se à influência exercida por outras ordens constitucionais destacando-se, neste contexto, o art. 18/1 da Constituição portuguesa, o art. 332 da Constituição do Uruguai e o art. 1º, inciso III, da Lei Fundamental da Alemanha.[30]

A análise a ser feita então seria justamente sobre os efeitos dos costumes do futebol nas diversas legislações mundiais e, principalmente, os efeitos dos aspectos econômicos pertinentes ao esporte, que é reconhecidamente o mais importante do planeta (para tal conclusão só nos cumpre citar que a Copa do Mundo, evento mundial de futebol, divide as atenções com as Olimpíadas, que é um evento que elenca os principais esportes, também sendo reconhecidamente mais antigo), sem esquecemos, obviamente, a paixão que envolve o esporte.

Mesmo efetuando a análise dos aspectos descritos, não caberia ao poder público aplicar o princípio, extinguir o instituto do passe e, por consequência, obrigar a FIFA e até mesmo a CBF a buscar soluções para o referido caso? O lapso temporal de dez anos entre a promulgação da Constituição e a aprovação da Lei n. 9.815, que extinguiu o instituto do passe, no referido caso é descabido. Voltemos à lição de Ingo Wolfgang Sarlet sobre a aplicabilidade dos direitos fundamentais.

Se, portanto, todas as normas constitucionais sempre são dotadas de um mínimo de eficácia, no caso dos direitos fundamentais, à luz do significado outorgado ao art. 5º, § 1º, de nossa Lei Fundamental, pode se afirmar que aos poderes públicos incubem a tarefa e o dever de extrair das normas que os consagram (os direitos fundamentais) a maior eficácia possível, outorgando-lhes, neste sentido, efeitos reforçados relativamente às demais normas constitucionais, já que não há como desconsiderar a circunstância de que a presunção da aplicabilidade imediata e plena

---

(30) SARLET, Ingo Wolfgang. *A eficácia dos direitos fundamentais*. 8. ed. Porto Alegre: Editora do Advogado, 2007. p. 273.

eficácia que milita em favor dos direitos fundamentais formal do âmbito da Constituição.[31]

A conclusão a que chegamos no referido caso foi que o poder público deveria ter extinguido o instituto do passe antes. Porém, para servir de alento, não apenas o poder público brasileiro não o fez, como outros países com constituições reconhecidamente tão completas como a nossa, só que anteriores a nossa, também não o fizeram.

Afinal, não somente o Brasil recepcionou os tratados internacionais de direitos humanos como outros países onde o instituto era utilizado, da Europa principalmente, o fizeram.

O que reconhecidamente dificulta determinadas posições governamentais neste sentido talvez seja a autonomia da FIFA em relação aos países. Entretanto, quando o parlamento europeu se pronunciou sobre o caso, a FIFA foi obrigada a tomar as providências cabíveis.

Porém, realmente nos faz refletir o fato de nosso futebol ter apresentado casos semelhantes sem que a mesma posição fosse tomada por nosso legislador. Isso nos faz concluir que a importância econômica dos países europeus fez com que a FIFA tomasse uma decisão no sentido de resolver o problema.

Muito provavelmente, se o "Caso Bosman" acontecesse em algum outro local fora da Europa, não surtiria nenhum efeito prático, como de fato ocorreu no referido episódio.

2.1.4. A DIGNIDADE DA PESSOA HUMANA COMO GARANTIA ESTATAL

Como já abordado, o Estado tem por obrigação zelar pela dignidade da pessoa humana. Afinal, quando pensamos no sopesamento de direitos, esta garantia fundamental tem enorme importância para a mínima preservação dos preceitos fundamentais.

Para elucidar tal fundamento, citamos Alexandre de Moraes:

> O princípio fundamental consagrado pela Constituição Federal da dignidade da pessoa humana apresenta-se em dupla concepção. Primeiramente prevê um direito individual projetivo, seja em relação ao próprio Estado, seja em relação aos demais indivíduos. Em segundo lugar, estabelece verdadeiro dever fundamental de tratamento igualitário dos próprios semelhantes. Esse dever deve configurar-se pela exigência do indivíduo em respeitar a dignidade de seu semelhante tal qual a Constituição Federal exige que lhe respeitem a própria. A concepção dessa

---

(31) *Ibidem*, p. 285.

noção de dever fundamental resume-se a três princípios do Direito Romano: *honestere vivere* (viver honestamente), *alterum non laedere* (não prejudique ninguém) e *suum cuique tribuere* (dê a cada um o que lhe é devido). Ressalta-se, por fim, que a Declaração Universal dos Direitos Humanos, adotada e proclamada pela Resolução n. 217 A (III) da Assembleia Geral das Nações Unidas, em 10.12.48, e assinada pelo Brasil na mesma data, reconhece a dignidade como inerente a todos os membros da família humana e como fundamento da liberdade, da justiça e da paz no mundo.[32]

Conforme dito, tanto o Estado quanto os outros envolvidos na questão do passe (FIFA, confederações, federações e clubes) não cumpriram com o que determina tal princípio fundamental, e todos tinham tal dever.

Analisando de forma prática, com base nos conceitos ora elencados, extraídos do Direito Romano, os três foram feridos com o instituto do passe. Vejamos.

Viver honestamente: cuidemos friamente da situação exposta a seguir. Um jogador que há anos pratica tal esporte tem seu passe retido por determinado clube como forma de repreensão. Este terá dificuldade para exercer atividade diversa, ficando impedido de trabalhar, e também acabará sem poder viver do seu trabalho. Há possibilidade de este homem se desvirtuar e até mesmo, para prover seus filhos e dependentes, buscar maneiras ilícitas de conseguir recursos.

Não prejudique ninguém: o poder dado aos dirigentes de futebol, no caso do passe, era tamanho que, como forma de censurar atletas que não obedeciam a suas determinações, eles prejudicavam sensivelmente as carreiras dos jogadores. O atleta, por estar com o passe preso a determinado clube, estava impedido de trabalhar, razão pela qual não poderia se sustentar e tampouco seus dependentes. Então, podemos afirmar que o instituto do passe em mãos erradas era, sem dúvida, uma máquina de causar prejuízos.

Dê a cada um o que lhe é devido: o fato de alguém não receber salários por estar vinculado a determinado clube que o impede de trabalhar já não garante o que lhe é devido. E não permitir a alguém, após o término de seu contrato, exercer sua atividade em outro local que deseje, ainda mais. Então o passe, literalmente, retirava o que era devido a cada um, razão pela qual também feria tal preceito.

Para analisar o direito fundamental da dignidade da pessoa humana sob o viés do passe, usaremos como base os princípios da razoabilidade e da proporcionalidade.

Porém, antes de qualquer colocação, recorremos a Virgílio Afonso da Silva para discorrer sobre tais princípios:

> Aquele que se propõe a analisar conceitos jurídicos tem que ter presente que nem sempre os termos utilizados no discurso jurídico guardam a

---

(32) MORAES, Alexandre de. *Op. cit.*, p. 46-47.

mesma relação que possuem na linguagem laica. Assim, o pai que proíbe a seu filho que jogue futebol durante um ano, apenas porque este, acidentalmente, quebrará a vidraça da vizinha com uma bolada, é de esperar que o castigo seja classificado pelo filho — ou até mesmo pelo vizinho ou por qualquer outra pessoa — como desproporcional. Poder-se-á dizer então que o pai não foi razoável ao prescrever o castigo. O mesmo raciocínio pode também valer no âmbito jurídico, desde que ambos os termos sejam empregados no sentido laico. Mas, quando se fala, em um discurso jurídico, em princípio da razoabilidade ou em princípio ou regra da proporcionalidade, é evidente que os termos estão revestidos de uma conotação técnico-jurídica e não são sinônimos, pois expressam construções jurídicas diversas.[33]

Com base nesta análise, podemos afirmar que algo poderá ser desproporcional, porém razoável. Para exemplificarmos tal situação, imaginemos as leis que exigem das agências bancárias a garantia de acessibilidade aos portadores de necessidades especiais. A falta do adequado espaço físico, muitas vezes já tomado, e o custo das obras em comparação ao número de possíveis usuários parece desproporcional, pois a relação custo-benefício soa desigual em relação aos clientes sem tais dificuldades. Porém, é muito razoável tal exigência, uma vez que garante aos deficientes, entre outros direitos fundamentais, a própria dignidade da pessoa humana, permitindo assim que compareçam a tal estabelecimento sempre que desejarem.

Entretanto, quando pensamos na Lei do Passe, nos parece que tal instituto, além de não ser razoável, é desproporcional. Afinal, algo que impeça um trabalhador de exercer livremente sua profissão, não lhe permitindo receber qualquer remuneração neste período em que estiver parado, e que o obrigue a esperar por anos pelo esgotamento de toda a esfera administrativa, ou seja, a desportiva, para depois recorrer à trabalhista, não parece nada razoável.

Para analisarmos o princípio da proporcionalidade no referido caso, adotaremos o que é amplamente utilizado, o princípio das três subregras, ou seja, adequação, necessidade e proporcionalidade em sentido estrito.

Adequação: o instituto do passe não nos parece uma medida adequada, uma vez que busca garantir que o atleta não se transfira para outro clube com maior capacidade financeira sem que este recompense o outro, garantindo assim o equilíbrio econômico tão importante para o futebol, mas à custa de desvantagens para o esportista. Se determinado clube julgar que tal atleta tem grande capacidade e poderá agregar valor futuro, deverá então elaborar um contrato longo, com vantagens para ele, garantindo-lhe assim compensação financeira em venda futura. Logo, o passe é uma medida adequada.

Necessidade: no que tange à necessidade, a alegação de que o passe deveria vigorar era que este ainda existia nos grandes centros futebolísticos europeus, sendo

---

(33) SILVA, Virgílio Afonso da. *O proporcional e o razoável*. São Paulo: Revista dos Tribunais, 2005. p. 5.

garantida assim uma competitividade igualitária em relação a eles. Entretanto, voltemos ao exemplo de Bosman para tal avaliação. Os clubes usavam tal regra como mecanismo de repressão e controle sobre seus atletas. Isso, em comparação à primeira justificativa, nos parece ínfimo. E o mal causado ao atleta era sem dúvida devastador e incomparável. Então o passe nos parece uma medida desnecessária.

Proporcionalidade em sentido estrito: se a medida é inadequada e desnecessária, nos parece óbvio que esta é desproporcional em sentido estrito, pois, pela relação de subsidiariedade que as mesmas guardam entre si, só caberia tal análise se a mesma fosse adequada e necessária.

Por fim, só nos cabe ressaltar que o Estado foi omisso durante um enorme período no que tange ao instituto do passe. Principalmente após a promulgação da Constituição Federal de 1988.

Capítulo 3

O PASSE APÓS A CONSTITUIÇÃO DE 1988

3.1. A INCONSTITUCIONALIDADE DA LEI DO PASSE

3.1.1. O ART. 6º DA CONSTITUIÇÃO FEDERAL

Após o Brasil viver um período negro em sua história recente, de 1964 até 1985, conhecido como ditadura militar — regime este que impediu os brasileiros de escolherem seus representantes, dentre outras subtrações dos direitos fundamentais básicos —, a Constituição de 1988, também conhecida como Constituição Cidadã, nasceu como um grande marco revolucionário no âmbito da positivação dos direitos humanos.

A referida carta buscou o que havia de mais moderno nas constituições do período, tendo como grande objetivo garantir aos brasileiros a liberdade tão requerida à época dos regimes militares.

Seu art. 6º é um bom exemplo da positivação dos direitos fundamentais sociais:

Art. 6º São direitos sociais a educação, a saúde, o trabalho, a moradia, o lazer, a segurança, a previdência social, a proteção à maternidade e à infância, a assistência aos desamparados, na forma desta Constituição.

O trabalho é algo ressaltado como direito fundamental de forma categórica. Voltando ao exemplo do instituto do passe, o fato de alguém ficar impedido de exercer sua profissão, sem remuneração, fere vorazmente tal artigo.

Amauri Mascaro Nascimento define trabalho como:

> Finalmente, o estudo do conceito do trabalho — e não do Direito do Trabalho — é o tema de Filosofia do Trabalho, e não do Direito do Trabalho, cujas raízes primeiramente estão na Antiguidade e Idade Média desenvolvendo-se com a ideia de valorização do trabalho como manifestação de cultura e, mais recentemente, nos preceitos constitucionais modernos — do trabalho como direito, como dever, como direito-dever, ou ainda, como valor fundante das sociedades políticas.[34]

Então, o trabalho não é só direito, mas sim direito-dever. Quando pensamos neste conceito e na sua aplicabilidade, faz-se necessária uma análise mais abrangente.

Primeiramente devemos analisar o indivíduo e sua relação com o Estado. O Estado, muitas vezes para garantir direitos mínimos de subsistência para as pessoas, toma medidas relativas a benefícios sociais, dentre os quais citamos: LOAS, bolsa família, seguro desemprego, entre outros.

Porém o Estado deseja que o cidadão possa trabalhar para garantir sua subsistência. Agora imaginemos a situação que segue.

Um atleta, de 28 anos, entra em atrito com seu clube (leia-se: dirigente), o qual, como forma de repreensão, decide não negociar seu passe, estipulando valor absurdo para o negócio. O atleta demora cerca de cinco anos para esgotar todas as vias desportivas e trabalhistas. Agora com 33 anos, há tanto tempo inativo, é visto como um atleta em fim de carreira, já não conseguindo sequer um contrato de trabalho.

Provavelmente, após esta abrupta interrupção de sua carreira profissional, ele terá imensa dificuldade para manter sua condição de vida. Após esse período, suas reservas financeiras estarão possivelmente exauridas e o agora ex-atleta, mal visto em seu meio, por conta do processo judicial, não conseguirá emprego de treinador. Esse homem talvez se torne extremamente dependente de ações sociais como as desenvolvidas pelo governo.

Logo, além de ter seu direito fundamental subtraído, houve um ônus desnecessário a ser divido por toda a sociedade civil. Um ato irresponsável, gerado por uma lei absurda, ocasionou tal situação.

Olhemos agora por um segundo aspecto: a relação do atleta para com seus dependentes. Todo pai tem o dever de sustentar seus filhos, isso é fato. Voltando ao caso descrito acima, este pai, durante o período em que era proibido de jogar, certamente não pôde manter o padrão anterior de vida para seus filhos. Muito

---

(34) NASCIMENTO, Amauri Mascaro. *Curso de direito do trabalho.* 21. ed. São Paulo: Saraiva, 2006, p. 192.

menos após o término definitivo de sua carreira. Seus dependentes, que poderiam vir a ter educação e lazer adequados ao desenvolvimento das crianças, a partir deste momento passariam a sofrer privações, causando um círculo vicioso e, a exemplo de seu pai, tornar-se-iam dependentes do governo.

Histórias como as contadas acima eram mais comuns do que parece. Afinal, o instituto do passe, em mãos erradas, gerava esse tipo de distorção.

José Afonso da Silva destaca o objetivo do constituinte originário em garantir direitos aos dependentes dos trabalhadores:

> Entre os direitos dos trabalhadores, há uns que são destinados a seus dependentes. O salário mínimo mesmo tem tal objetivo na medida em que se deva ser capaz de satisfazer não só as necessidades do trabalhador, mas também de sua família.[35]

Se o constituinte preocupou-se com o salário mínimo, o que falar então da remuneração mensal? O trabalhador precisa receber alguma quantia para garantir sua subsistência.

A fim de elucidarmos o absurdo da situação, citemos ao caso do jogador Afonsinho. Em 1970, após o jogador entrar em atrito com o técnico Zagallo (Botafogo) por conta de seus cabelos, iniciou-se uma verdadeira batalha jurídica.

A tese da defesa era o cerceamento do direito do labor sem remuneração, ou seja, o atleta estava exposto ao risco de miséria.

No julgamento do Tribunal de Justiça da federação carioca, o atleta foi derrotado por 4 a 3. O placar apertado animou os advogados, que apelaram para o Superior Tribunal de Justiça Desportiva. Desta vez, em 4 de março de 1971, Afonsinho venceu por unanimidade, tornando-se o primeiro jogador a ganhar, na justiça brasileira, o passe livre.[36]

No referido caso, por se tratar de um jogador conhecido e até mesmo pela conjuntura político-social da época, viu-se uma conotação política, que ajudou o atleta. Mesmo assim, Afonsinho precisou esgotar as esferas desportivas, ficando sem trabalhar durante mais de um ano.

Fica nítida, assim, a inconstitucionalidade do instituto do passe face ao artigo 6º da Constituição Federal. Em vigor, o instituto tornava impossível a efetivação deste artigo em nossa sociedade, ao menos quanto ao atleta profissional de futebol.

---

(35) SILVA, José Afonso da. *Curso de direito constitucional positivo*. 30. ed. São Paulo: Malheiros, 2008. p. 255.
(36) RIBEIRO, André; GÓES, Denise; MOTTA, Laís Duarte. *Uma ponte para o futuro*. Rio de Janeiro: Gryphus, 2007. p. 46.

3.1.2. O art. 7º da Constituição Federal

O art. 7º de nossa Constituição Federal rege as relações do Direito do Trabalho. Por consequência, trata de todas as relações laborais e as proteções empregatícias referentes ao trabalhador.

E, pelo simples fato de nossa Constituição reservar as garantias mínimas dos trabalhadores, elas devem ser respeitadas.

O *caput* do citado artigo aduz:

> **Art. 7º** São direitos dos trabalhadores urbanos e rurais, além de outros que visem à melhoria de sua condição social.

Nele, o legislador buscou abranger os trabalhadores em sua totalidade, não fazendo em seu *caput* qualquer distinção. Há apenas uma ressalva ao final, em seu parágrafo único, no que se refere aos trabalhadores domésticos.

O inciso IV do referido artigo trata da garantia do salário mínimo.

> IV — salário mínimo, fixado em lei, nacionalmente unificado, capaz de atender a suas necessidades vitais básicas e às de sua família com moradia, alimentação, educação, saúde, lazer, vestuário, higiene, transporte e previdência social, com reajustes periódicos que lhe preservem o poder aquisitivo, sendo vedada sua vinculação para qualquer fim.

A garantia do salário mínimo visa assegurar minimamente a subsistência do trabalhador. Inclusive a CLT, em seu art. 76, embora menos abrangente, segue a mesma linha dos dizeres do referido inciso constitucional, tamanha é a preocupação do legislador com o tema.

> **Art. 76.** Salário mínimo é a contraprestação mínima devida e paga diretamente pelo empregador a todo trabalhador, inclusive ao trabalhador rural, sem distinção de sexo, por dia normal de serviço, e capaz de satisfazer, em determinada época e região do país, as suas necessidades normais de alimentação, habitação, vestuário, higiene e transporte.

O que se busca com a garantia do salário mínimo é não só um ganho mínimo, mas sim um ganho para que o trabalhador possa sustentar a si e seus dependentes. Sergio Pinto Martins afirma sobre o referido tema:

> Verifica-se que o salário mínimo busca atender, segundo o inciso IV do art. 7º da Constituição Federal, às necessidades vitais básicas do trabalhador, mas também de sua família. A CLT menciona apenas necessidades normais. Agora o contexto constitucional é mais amplo, pois o salário mínimo deve atender às necessidades vitais básicas do trabalhador e de sua família. Sabemos que na prática isso não será possível com o valor

do salário mínimo. Teoricamente, não só o salário mínimo, mas também o salário, deve atender às necessidades vitais básicas do trabalhador e de sua família. Nota-se que o salário mínimo deve, assim, servir para atender à necessidade familiar do trabalhador e não apenas individual.[37]

Nota-se que o instituto do passe impedia ao atleta profissional de futebol a fruição de tal garantia, pois este, findo seu contrato com o clube, simplesmente ficava impedido de trabalhar, sem receber qualquer remuneração.

Totalmente inaceitável era o fato de o legislador não se ater a este fato. Pior, não era assegurado ao atleta, no período em que ficasse afastado, ao menos um salário mínimo a título de garantia constitucional.

Então o que vemos é o imenso desrespeito que o referido instituto tinha ao texto constitucional, pois, além do trabalhador, sua família também ficava desprovida. A partir daí, concluímos que havia um duplo desrespeito ao texto constitucional.

O inciso VI também era desrespeitado; este reza:

VI — irredutibilidade do salário, salvo o disposto em convenção ou acordo coletivo;

O futebol tem por característica peculiar o contrato dos atletas por prazo determinado, o que teoricamente permitiria a cada negociação um novo salário, de acordo com o desempenho do esportista. A possibilidade de renovar o contrato desconsiderando a valorização ou desvalorização do jogador era praticamente uma arma nas mãos dos dirigentes.

Relembrando o "Caso Bosman", o atleta recebia um salário de 120.000 BTR e na renovação de seu contrato recebeu uma proposta de 30.000 BTR. O clube poderia justificar tal redução drástica por seu desempenho dentro de campo. Porém, o atleta não tinha, em hipótese alguma, como se defender de tal situação. Se pudesse mudar de clube após o término de seu contrato, ele poderia comparar melhores propostas salariais.

No caso, outro clube, avaliando de fato a condição técnica de Bosman, ofereceu a ele salário de 100.000 BTR. Era praticamente o que o jogador recebia em seu contrato anterior, somado a vultosa quantia em luvas, o que tornava sua transferência ainda mais atraente.

Pode-se afirmar que com o passe, embora o contrato fosse por prazo determinado, a relação laboral entre atleta e clube era transformada em algo como um casamento sem divórcio. Para que esta fosse menos desigual, a exemplo das relações laborais comuns, deveria ser garantida a irredutibilidade do salário ao atleta.

Amauri Mascaro Nascimento argumenta sobre a irredutibilidade do salário:

---

(37) MARTINS, Sergio Pinto. *Comentários à CLT*. 11. ed. São Paulo: Atlas, 2007. p. 135.

Com a Constituição de 1988 (art. 7º, VI), a irredutibilidade é a regra. A redução não é vedada. É condicionada. Depende da negociação coletiva com o sindicato, caso em que terá as dimensões resultantes desta negociação. Com o princípio constitucional fica revogado o art. 503, que permitiria a redução unilateral. Esta não é mais permitida. A redução será sempre, em qualquer caso, ainda que havendo força maior, ato jurídico bilateral. Os salários são inalteráveis por ato unilateral do empregador e prejudicial ao empregado. Alterar o salário significa modificar a sua forma e modo de pagamento. Não se confunde com redução, que é a supressão de parte de seu valor. Modo de pagamento de seu salário, segundo Russomano, é a maneira de entregar ao trabalhador o que lhe seja devido e a época em que isso deve ser feito. Forma de pagamento é a modalidade de cálculo e o meio de pagamento.[38]

Quando o legislador permitiu a redução salarial em determinados casos, com a concordância do sindicato, buscou garantir demissões em massa apenas por conta de crises econômicas ou situações em que o empregador passasse por dificuldades que lhe retirassem os meios de honrar pelos salários. Afinal, os conceitos mais modernos do Direito do Trabalho visam justamente garantir o emprego dos trabalhadores, considerando também o lado do empregador, pois, se este estiver bem estruturado, com boa saúde financeira, manterá seus empregados, cumprindo sua função social.

O objetivo desta garantia não foi aumentar o lucro das empresas, mas sim assegurar empregos. Voltando ao instituto do passe, o atleta ficava preso ao clube mesmo após o fim de seu contrato. Se o jogador estivesse em ótimas condições físicas e o clube precisasse dele, obviamente pagaria o que lhe era devido. Mas e se o atleta não estivesse tão bem? Ou, se o técnico do time, por preferência estratégica, não enxergasse o potencial esperado nesse atleta? E se outro clube notasse esse potencial e lhe fizesse uma proposta justa, porém sem acordo com relação ao valor do negócio? São muitas as variantes.

Tais situações gerariam uma enorme insatisfação ao atleta, pois, na expectativa de receber um valor maior, aceitaria ficar um período parado, sem jogar e, principalmente, sem receber salário.

Sergio Pinto Martins traz o seguinte conceito sobre a importância da proteção referente à irredutibilidade do salário:

> A regra geral é que o contrato de trabalho não pode ser modificado unilateralmente pelo empregador. Vige, assim, o princípio da imodificabilidade ou inalterabilidade do contrato de trabalho. O princípio da imodificabilidade do contrato de trabalho reflete uma forte intervenção do

---

(38) NASCIMENTO, Amauri Mascaro. *Op. cit.*, p. 834.

Estado na relação entre empregado e empregador, de modo que o primeiro, por ser polo mais fraco dessa relação, não venha a ser prejudicado com imposições feitas pelo segundo e decorrentes de sua relação de poder de direção. Daí a necessidade da interferência do Estado, evitando que o empregador altere unilateralmente as regras do pacto laboral. Trata-se, portanto, de uma norma de ordem pública, que vem restringir a autonomia da vontade das partes contratantes.[39]

O conceito ora declinado trata justamente do fato de o empregador fazer imposições ao empregado usando de seu poder de direção. O instituto do passe fornecia aos clubes um poder sobrenatural em relação aos atletas, como instrumento de controle. Então a imodificabilidade, neste caso, tinha a obrigação de ser uma exigência do instituto. O salário deveria ser uma garantia ao empregado para que este não fosse, em hipótese alguma, prejudicado em uma renovação contratual.

Inclusive a CLT, seguindo o disposto na Constituição Federal, buscou em seu art. 468 fundamentar tal proteção:

> **Art. 468.** Nos contratos individuais de trabalho só é lícita a alteração das respectivas condições por mútuo consentimento, e ainda assim desde que não resultem, direta ou indiretamente, prejuízos ao empregado, sob pena de nulidade da cláusula infringente desta garantia.

Então, este inciso torna o instituto do passe flagrantemente inconstitucional.

Outro inciso a ser ponderado em relação ao instituto do passe é o X, do art. 7º da Constituição Federal, que aduz:

> X — proteção do salário na forma da lei, constituindo crime sua retenção dolosa.

Ao analisar este artigo, devemos pensar em um conceito *lato senso*, ou seja, o fato de o atleta estar impedido de trabalhar, portanto impedido de receber qualquer remuneração, não configura retenção dolosa de seu salário? Afinal o clube continua, de certa forma, a contar com os serviços dele, só não os utiliza efetivamente.

Se for atleta de bom nível técnico, o simples fato de não poder jogar contra seu clube de certa forma faz com que esteja impedido de prestar serviços contra seu "dono". Ademais o atleta, mesmo sem receber qualquer remuneração, terá de se manter com um mínimo de condicionamento físico, uma vez que ao ser "recontratado" terá de estar em plena forma rapidamente.

O questionamento a ser elaborado neste caso é: o clube, ao impedir o jogador de trabalhar e não o remunerando, isto sem que ele apresente qualquer problema físico ou tenha cometido alguma falha profissional, não comete retenção salarial dolosa? O trabalhador não deveria receber algum valor até que sua situação fosse solucionada, mesmo que fosse um salário mínimo?

---

(39) MARTINS, Sergio Pinto. *Op. cit.*, p. 440-441.

O clube poderia até mesmo, para reduzir seus custos por um determinado período, demorar alguns meses para renegociar o contrato de um atleta importante e apenas renová-lo quando fosse um momento decisivo da competição. Isso caracterizaria retenção salarial dolosa.

O art. 48 da Lei n. 9.815/98, em seu inciso III, prevê, a título de sanção ao atleta, o pagamento de multa. Tal imposição não é desproporcional, primeiramente por não estar em atrito direto com o então analisado inciso constitucional, depois porque o valor pago não pertence ao clube, mas sim a entidades de atletas profissionais. Além disso, possuindo o direito ao contraditório e à ampla defesa, consagrado em nossa Constituição Federal, o atleta pode recorrer da multa às instâncias administrativas.

Sobre a importância do salário em todos os seus aspectos, voltamos aos ensinamentos de José Afonso da Silva:

> Quanto à proteção do salário, consta agora explicitamente da Constituição. Em certo sentido, aliás, o próprio salário mínimo e o piso salarial constituem formas de proteção salarial. Mas dois preceitos são específicos neste sentido: o do art. 7º, VI, segundo o qual o salário é irredutível, que, no entanto, não é rígido, pois a Constituição permitiu que possa ser reduzido a cláusula de convenção coletiva ou acordo coletivo; e o do inciso X do mesmo artigo, que prevê a proteção do salário na forma da lei, constituindo crime sua retenção dolosa; a lei é que indica a forma desta proteção e já o faz de vários modos: contra o empregador, contra os credores do empregador, contra o empregado e contra os credores do empregado, por isso é que, além de irredutíveis, os salários são impenhoráveis, irrenunciáveis e constituem créditos privilegiados na falência e na concordata do empregador. A segunda parte do dispositivo já define como crime a retenção dolosa do salário, o que nos termos da legislação penal vigente caracteriza apropriação indébita.[40]

Após a lição acima transcrita, chegamos à conclusão de que qualquer forma de retenção salarial se opõe à Constituição, salvo nos casos de pagamentos de débitos a credores. Obviamente, impedir alguém de trabalhar é totalmente inaceitável. E o passe, infelizmente, quando mal aplicado, exercia tal poder sobre os atletas profissionais de futebol.

3.1.3. O ART. 5º DA CONSTITUIÇÃO FEDERAL

O art. 5º de nossa Constituição Federal é considerado por muitos o que melhor elenca a proteção dos direitos fundamentais em geral. Portanto, é de suma

---

(40) SILVA, José Afonso da. *Op. cit.*, p. 294-295.

importância para a efetivação de tais direitos e, por consequência, para o correto funcionamento do Estado Democrático de Direito.

O *caput* do art. 5º pode ser considerado a essência do Estado Democrático de Direito:

> **Art. 5º** Todos são iguais perante a lei, sem distinção de qualquer natureza, garantindo-se aos brasileiros e aos estrangeiros residentes no País a inviolabilidade do direito à vida, à liberdade, à igualdade, à segurança e à propriedade, nos termos seguintes.

Antônio Cláudio da Costa Machado comenta tal *caput*:

> A parte inicial da regra sob o enfoque ("Todos são iguais perante a lei, sem distinção de qualquer natureza") significa a consagração constitucional genérica do princípio da igualdade formal e cujos desdobramentos se encontram nos arts. 3º, IV, 5º, I, 150, II e 226, § 5º, respectivamente, da Constituição Federal. Já sob o prisma da igualdade substancial ou real (voltado à redução concreta das desigualdades) podem ser apontados como seus receptáculos constitucionais o art. 3º, III, o próprio art. 5º, *caput*, parte final os incisos XLI e XLII, deste mesmo dispositivo, bem como o art. 7º, XXX, XXXI, XXXII e XXXIV, e o art. 43.[41]

Quando pensamos em uma igualdade formal, vêm-nos à mente padrões mínimos de igualdade. Agora, é aceitável que algum profissional fique proibido de laborar por conta de um instituto, sem poder receber, sem nenhuma garantia jurídica de contrato, sem que seja ferido o princípio da igualdade, mesmo que genérica? Logicamente não.

Ademais, a igualdade é inerente à pessoa humana. É a base da democracia desde os primórdios. Segundo Manoel Gonçalves Ferreira Filho, a igualdade era a base da democracia já na Antiguidade:

> A igualdade, desde a Antiguidade, é indissoluvelmente associada à democracia. No célebre discurso de Péricles em honra aos mortos no primeiro ano da guerra do Peloponeso, é a "isonomia", isto é, a igualdade perante a lei, apontada como um dos três característicos fundamentais da democracia ateniense.[42]

Já no âmbito da liberdade, fica demonstrado que o instituto do passe a impede quanto ao exercício profissional. O atleta não está preso ao clube por força de contrato ou instrumento semelhante. Também não recebe remuneração, apesar de o clube possuir seu passe, impedindo-o de trabalhar e de receber, em outro local. Só será remunerado quando estiver com um contrato assinado.

---

(41) MACHADO, Antônio Cláudio da Costa. *Op. cit.*, p. 3.
(42) FERREIRA FILHO, Manoel Gonçalves. *Op. cit.*, p. 282.

José Afonso da Silva trata da importância da liberdade profissional em seu sentido completo:

> O que denominamos de liberdade de ação profissional não se encaixa em nenhum dos grupos anteriores das liberdades. Alguns chamam-na de liberdade de trabalho. Não é, porém, como concebemos, porque esta terminologia não exprime bem sua essência e porque não constitui direito social do trabalho, o qual merecerá consideração oportunamente. Será a liberdade de exercício de ofício e de profissão, consoante o enunciado do art. 5º, XIII: "é livre o exercício de qualquer trabalho, ofício ou profissão, atendidas as qualificações profissionais que a lei estabelecer".[43]

Logo, a liberdade no referido caso seria a do exercício da profissão. Teoricamente, o atleta não está limitado para exercer outras profissões. Porém, muitas vezes, não possui outra alternativa de trabalho, consegue apenas exercer o ofício de jogador de futebol profissional, estando impedido de exercer sua profissão. É inaceitável, sob qualquer ponto de vista, que um profissional fique proibido de trabalhar. Se o clube não deseja que o atleta jogue mais com sua camisa, que o remunere até o recolocar em outro clube, em que terá compensação financeira.

Desta forma, o instituto do passe ia de encontro a preceitos garantidos em nossas Constituições, inclusive às anteriores à de 1988.

Dos direitos ora tratados, tanto a igualdade quanto a liberdade foram consagrados como direitos fundamentais de primeira geração. Ingo Wolfgang Sarlet afirma sobre o referido tema: "Assumem particular relevo no rol destes direitos, especialmente pela sua notória inspiração jusnaturalista, os direitos à vida, à liberdade, à propriedade e à igualdade perante a lei".[44]

Então afirmamos, após as assertivas acima expostas, que o instituto do passe também possuía inconstitucionalidades de acordo com o art. 5º de nossa Constituição Federal, sendo desta forma flagrante seu descompasso em relação à efetivação e à concretização dos direitos fundamentais.

3.2. A JUSTIÇA DESPORTIVA APÓS A CONSTITUIÇÃO DE 1988

3.2.1. ASPECTOS SOBRE A AUTONOMIA JUDICIÁRIA DA JUSTIÇA DESPORTIVA

A Constituição de 1988 buscou, por conta da importância para a construção da democracia e para a proteção dos direitos fundamentais, ser o mais analítica possível, razão pela qual designou um artigo somente para tratar do deporto. Seu art. 217 aborda o referido tema.

---

(43) SILVA, José Afonso da. *Op. cit.*, p. 256-257.
(44) SARLET, Ingo Wolfgang. *A eficácia dos...*, p. 56.

Art. 217. É dever do Estado fomentar práticas desportivas formais e não formais, como direito de cada um, observados:

I — a autonomia das entidades desportivas dirigentes e associações, quanto a sua organização e funcionamento;

II — a destinação de recursos públicos para a promoção prioritária do desporto educacional e, em casos específicos, para a do desporto de alto rendimento;

III — o tratamento diferenciado para o desporto profissional e o não profissional;

IV — a proteção e o incentivo às manifestações desportivas de criação nacional.

§ 1º O Poder Judiciário só admitirá ações relativas à disciplina e às competições desportivas após esgotarem-se as instâncias da justiça desportiva, reguladas em lei.

§ 2º A justiça desportiva terá o prazo máximo de sessenta dias, contados da instauração do processo, para proferir decisão final.

§ 3º O Poder Público incentivará o lazer, como forma de promoção social.

Com relação à inclusão de um artigo em nosso texto constitucional, Álvaro Melo Filho faz o seguinte comentário:

> A Constituição de 5 de outubro de 1988, acolhendo sugestão deste autor, outorgou ao desporto o *status* constitucional, dedicando-lhe um capítulo específico, condensados no art. 217 os postulados constituem a estrutura do concreto armado da legislação desportiva brasileira. Nesse mister, o dever do Estado de fomentar as práticas desportivas como "direito de cada um", a "autonomia desportiva" das entidades de administração e de prática desportiva e o reconhecimento da Justiça Desportiva. Constata-se, a propósito da Justiça Desportiva, que a *Lex Magna* contempla, no art. 217, dois pressupostos processuais alternativos — exaurimento das instâncias desportivas (§ 1º) ou transcurso dos 60 dias (§ 2º) — como *conditio sine qua* para que os litígios referentes à disciplina ou às competições desportivas possam ser admitidas na Justiça Comum. Adite-se, ainda, como consequência prática do art. 114 do texto Constitucional de 1988, que todas as demandas trabalhistas, individuais e coletivas (ou "controvérsias decorrentes da relação de trabalho", na novel dicção que lhe foi dada pela EC n. 45/04), passaram a ser competência exclusiva da Justiça do Trabalho, perdendo por isso mesmo a Justiça Desportiva de apreciá-las posto que o faziam no lastro nos agora revogados arts. 29 e 31 da Lei n. 6.354/76.[45]

---

(45) MELO FILHO, Álvaro. Autonomia e especificidade como postulados nucleares da legislação desportiva trabalhista. In: BASTOS, Guilherme Augusto Caputo *et al.* (coord.). *II Encontro Nacional sobre Legislação Esportivo-Trabalhista.* Brasília: Siriema, 2009. p. 350.

O art. 217, ao ser confeccionado, deixou uma lacuna que permitia aos processos serem primeiramente julgados pela Justiça Desportiva, de acordo com o disposto nos arts. 29 e 31. Falha do legislador originário, pois enfatizou uma lei criada em pleno regime militar, período ditatorial. Nossa Constituição buscou a acessibilidade ao judiciário por meio do art. 5º, XXXV. Assim, só se justifica resguardar as esferas desportivas para a apuração dos assuntos de cunho disciplinar, uma vez que esta é sua especialidade.

À Justiça do Trabalho caberia a apuração dos conflitos contratuais, uma vez ser o documento firmado entre clube e atleta profissional de futebol nada mais que um contrato de labor como outro qualquer. O objetivo dos artigos ora citados era dificultar o acesso à justiça, exatamente o oposto do que nossa Constituição tanto buscou contemplar. Seguem os arts. 29 e 31 da Lei n. 6.354/76, para informação:

> **Art. 29.** Somente serão admitidas reclamações à Justiça do Trabalho depois de esgotadas as instâncias da Justiça Desportiva, a que se refere o item III do art. 42 da Lei n. 6.251, de 8 de outubro de 1975, que proferirá decisão final no prazo máximo de 60 (sessenta) dias contados da instauração do processo.
>
> **Parágrafo único.** O ajuizamento da reclamação trabalhista, após o prazo a que se refere este artigo, tornará preclusa a instância disciplinar desportiva, no que se refere ao litígio trabalhista.
>
> **Art. 31.** O processo e o julgamento dos litígios trabalhistas entre os empregadores e os atletas profissionais de futebol, no âmbito da Justiça Desportiva, serão objeto de regulação especial na codificação disciplinar desportiva.

Estes artigos foram nova dificuldade encontrada pelos atletas, pois fortaleceram ainda mais a relação de poder dos clubes sobre eles. Ou seja, tornaram-se reféns, primeiramente, do instituto do passe, depois da própria Justiça Desportiva. Vale salientar que mesmo o prazo de sessenta dias estabelecido para apuração de tal demanda poderia atrasar a carreira do atleta, uma vez que as competições têm um prazo de inscrição. Seria gerado um enorme problema ao jogador, pois ele até poderia conseguir a liberação por parte de seu empregador, mas não a tempo de se inscrever na competição que desejava.

O art. 114, oriundo da Emenda Constitucional n. 45/04, assumiu notável importância para a delimitação dos temas a serem julgados pela Justiça do Trabalho (foi de grande valia tal reforma, principalmente para os julgamentos de dano moral, tema tão polêmico na justiça civil) e fundamental para o conflito do passe na esfera desportiva. Porém só foi elaborado e incluído em nossa Constituição três anos depois do fim do instituto do passe.

A nova redação do art. 114 da Constituição Federal aduz:

> **Art. 114.** Compete à Justiça do Trabalho processar e julgar:

I — as ações oriundas da relação de trabalho, abrangidos os entes de direito público externo e da administração pública direta e indireta da União, dos Estados, do Distrito Federal e dos Municípios;

II — as ações que envolvam exercício do direito de greve;

III — as ações sobre representação sindical, entre sindicatos, entre sindicatos e trabalhadores, e entre sindicatos e empregadores;

IV — os mandados de segurança, *habeas corpus* e *habeas data*, quando o ato questionado envolver matéria sujeita à sua jurisdição;

V — os conflitos de competência entre órgãos com jurisdição trabalhista, ressalvado o disposto no art. 102, I, *o*;

VI — as ações de indenização por dano moral ou patrimonial, decorrentes da relação de trabalho;

VII — as ações relativas às penalidades administrativas impostas aos empregadores pelos órgãos de fiscalização das relações de trabalho;

VIII — a execução, de ofício, das contribuições sociais previstas no art. 195, I, *a*, e II, e seus acréscimos legais, decorrentes das sentenças que proferir;

IX — outras controvérsias decorrentes da relação de trabalho, na forma da lei.

Assim, as relações dos contratos de atletas profissionais de futebol serão sempre julgadas pela Justiça do Trabalho, cabendo à Justiça Desportiva os assuntos referentes à ordem disciplinar dos jogos propriamente ditos. É provável que, se este artigo tivesse tal redação originalmente, na promulgação de nossa Constituição, pela própria celeridade e cunho inovador da justiça trabalhista, o instituto do passe, de forma forçosa, tivesse sido anteriormente revogado.

Capítulo 4

REFLEXÕES SOBRE O INSTITUTO DO PASSE

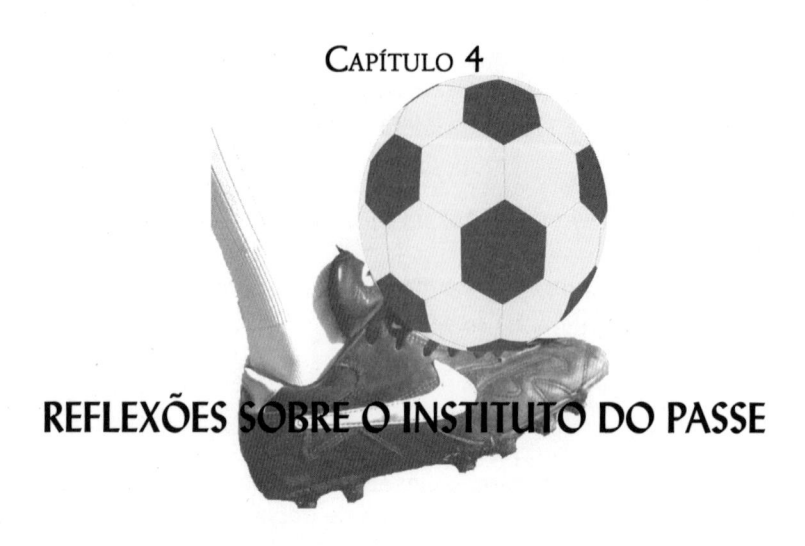

4.1. O DIREITO DO TRABALHO NA MODERNIDADE

4.1.1. Os efeitos da revolução industrial na profissionalização do futebol

Embora o futebol apresente vestígios de sua prática em civilizações anteriores, foi na Inglaterra do século XIX que se consolidou como esporte, praticamente já tomando muito da forma e da estrutura utilizadas até os dias de hoje. Por essa razão, esse esporte guarda uma forte relação com tal país.

Ao fim da Idade Média, com a consolidação da Idade Moderna, novos desafios surgiram à humanidade. Afinal, abandonou-se uma visão unicamente agrária por uma voltada ao desenvolvimento industrial. Sobre tais modificações, discorre Eduardo Carlos Bianca Bittar:

> A modernidade, como se vem estudando, deu-se, a um só tempo, no plano dos fatos e no plano das ideias. A modernidade implica um longo processo histórico, a iniciar-se em meados do século XIII, de desenraizamento e de laicização, de autonomia e liberdade, de racionalização e da mecanização, bem como de instrumentalização e de industrialização. Desta forma, pode-se dizer que a modernidade envolve aspectos do ideário intelectual (filosófico e científico) associado a outros aspectos econômicos (Revolução Industrial e ascensão da burguesia) e políticos

> (soberania, governo central, legislação) conjuntamente relevantes. O que se pretende neste momento é detectar as raízes da formação de uma consciência intelectual, especialmente filosófica, que dê sustentação e forme os pilares da arquitetura moderna.[46]

Os pilares da arquitetura da sociedade moderna foram basicamente desenvolvidos na Europa e nos Estados Unidos, e a Revolução Industrial teve importante papel neste processo. Afinal, ela promoveu o grande embate social que se seguiu: a burguesia de um lado e o proletariado de outro.

O futebol, quando começou a ser praticado, era amador, como já demonstramos antes. Entretanto, com o passar dos tempos, foi tomando contornos profissionais e, como toda atividade profissional remuneratória, refletiu os mesmos polos da sociedade industrial. A burguesia eram os donos dos clubes ou quem os financiava, e o proletariado eram os jogadores, que à época recebiam salários bem menores se comparados aos atuais.

Segundo Amauri Mascaro Nascimento:

> O proletário é um trabalhador que presta serviços em jornadas que variam de 14 a 16 horas, não tem oportunidades de desenvolvimento intelectual, habita em condições subumanas, em geral nas adjacências do próprio local da atividade, tem prole numerosa e ganha salário em troca disso tudo.[47]

Se pensarmos nesta definição, a vida de atleta profissional de futebol, mesmo que não recebendo um salário vultoso, nos parece boa. Porém, o atleta profissional, aos olhos de seu empregador, era um proletário comum, como qualquer outro trabalhador de suas fábricas.

Com a industrialização e o consequente desenvolvimento da sociedade moderna, os valores que alicerçavam a Idade Média, como a religião, foram abandonados, sendo potencializados outros valores, como a ciência, buscando explicação para todas as coisas, e o Positivismo, como base jurídica de sociedade.

Então, por mais absurda que parecesse uma lei, se fosse tornada válida, não haveria qualquer objeção a ser efetivada na prática. Assim, uma lei permitir que um trabalhador, mesmo após o fim de seu contrato, seja impedido de atuar e, por isso, não obter qualquer quantia monetária, realmente é uma construção da sociedade moderna em que, pelo direito e pela lei, tudo se justifica, por mais absurdo que pareça.

---

(46) BITTAR, Eduardo Carlos Bianca. *O direito na pós-modernidade*. 2. ed. Rio de Janeiro: Forense Universitária, 2008. p. 42.
(47) NASCIMENTO, Amauri Mascaro. *Op. cit.*, p. 12.

Tal conceito pode ser fundamentado pela teoria kelseniana, que justifica todo o direito no positivismo jurídico e, por consequência, todo o raciocínio na Era Moderna. Eduardo Carlos Bianca Bittar aduz sobre a referida teoria:

> Justiça e injustiça nada têm a ver com a validade de determinado direito positivismo; é essa a nota distintiva entre Direito e Ética. A validade de uma ordem jurídica não vem contrariada pelo simples fato de que o Direito se tenha constituído contra a moral. O que é válido prepondera sobre o que é justo, pois o que é válido está de acordo com os modos de existência normativa de dado ordenamento jurídico; o que é justo, por sua vez, está no plano das especulações, dos valores etc. e aceitar que o que é justo prepondera com relação ao válido é trocar o *certum* pelo *dubium*. O que pode determinar o princípio da validade de todo um ordenamento é sua norma fundamental, pressuposto lógico-técnico do sistema, e não qualquer norma de justiça. A norma fundamental basta para clausura do ordenamento jurídico. Desvincular validade de justiça, norma fundamental de justiça etc. é a tarefa do positivismo kelseniano.[48]

Por injusto que pareça aos olhos humanos, o positivismo jurídico justifica a existência do instituto do passe.

Quando correlacionamos o passe com a escravidão, encontramos algumas características comuns, porém os defensores do passe livre à época afirmavam que este era totalmente comparável à escravidão o que é definitivamente um exagero.

O aspecto em que o passe mais se identifica com a escravidão é justamente no que tange ao impedimento de trabalhar até conseguir a liberação na justiça, ou seja, como fora colocado acima, o atleta era muitas vezes obrigado a aceitar propostas ruins para não ficar sem laborar.

Outro ponto que nos traz a ideia de escravidão era o fato de o atleta ser comprado. A palavra "compra" nos remete a mercadoria, o que fere peremptoriamente a dignidade do atleta. Embora o empregado devesse aceitar a transferência, o fato de colocar o homem como mercadoria nos leva a refletir.

Em contrapartida, diferentemente da escravidão, o atleta recebia, toda vez que houvesse a compra de seu passe, o valor de 15% referente à transação. Muitos atletas, que inclusive ficaram conhecidos como verdadeiros ciganos do futebol, se beneficiaram em demasia com isso. Outros ainda tiveram de trabalhar em locais com que não concordavam, por conta desta situação.

O aspecto da liberdade, tão valorizado pelo homem, era o grande problema do instituto do passe. José Afonso da Silva discorre sobre o referido tema:

---

(48) BITTAR, Carlos Eduardo Bianca; ALMEIDA, Guilherme Assis de. *Op. cit.*, p. 382.

> Esse é outro campo de discussão muito orientada pelo idealismo e pela metafísica. Liberdade interna (chamada também de liberdade subjetiva, liberdade psicológica ou moral e especialmente a liberdade da indiferença) é o livre-arbítrio, como simples manifestação da vontade no mundo interior do homem. Por isso é chamada igualdade liberdade do querer. Significa que a decisão entre as duas possibilidades opostas pertence, exclusivamente, à vontade do indivíduo, vale dizer, é poder de escolha, de opção, entre fins contrários. E daí outro nome que lhe dá: liberdade dos contrários. O debate não leva a nada. Toda gente sabe que, internamente, é bem possível escolher entre alternativas contrárias, se tiver conhecimento objetivo e correto de ambas. A questão fundamental, contudo, é saber se, feita a escolha, é possível determinar-se em função dela. Isto é, se têm condições objetivas para atuar no sentido da escolha feita, e aí, se põe a questão da liberdade externa.[49]

Podemos afirmar, então, que o passe prejudicava claramente a liberdade interna, uma vez que atacava diretamente o livre-arbítrio do atleta, pois, quando tinha seu contrato cessado, era obrigado, por conta até mesmo de uma necessidade financeira, a aceitar uma nova proposta salarial ou transferir-se para um clube que não era o seu objetivo.

Caberia, acerca do referido tema, a reflexão de Michel Foucault em relação aos suplícios do século XVIII:

> O protesto contra os suplícios é encontrado em toda parte na segunda metade do século XVIII: entre os filósofos e teóricos do direito; entre juristas, magistrados, parlamentares; nos *chaiers de doléances* e entre os legisladores das assembleias. É preciso punir de outro modo: eliminar essa confrontação física entre soberano e condenado; esse conflito frontal entre a vingança do príncipe e a cólera contida do povo, por intermédio do supliciado e do carrasco. O suplício tornou-se rapidamente intolerável. Revoltante, visto da perspectiva do povo, onde ele revela a tirania, o excesso, a sede de vingança e o "cruel prazer de punir".[50]

A relação entre dirigente de clube e atleta profissional tornou-se tão desgastante que foi comparável à confrontação entre soberano e condenado. E se nem neste caso é recomendável tal embate, imagine então em uma relação laboral. Assim, o fim do passe pode ser considerado um marco pela paz no esporte. Porém, sob nenhuma hipótese colocamos o passe em pé de igualdade com a escravidão, pois nada é comparável a este mal, talvez o maior história da humanidade.

---

(49) SILVA, José Afonso da. *Op. cit.*, p. 231.
(50) FOUCAULT, Michel. *Vigiar e punir* — histórias da violência nas prisões. 14. ed. Petrópolis: Vozes, 1996. p. 69.

4.1.2. Os efeitos do capitalismo no futebol

Com o desenvolvimento da sociedade moderna no século XX, dois modelos político-econômicos surgiram como alicerces: o capitalista, adotado em toda a Europa Ocidental, Estados Unidos, entre outros, e o comunista, na Europa Oriental, liderado pela extinta URSS.

Nos países comunistas, o futebol não era profissional; inexistia neles a figura do passe. Porém, os atletas eram proibidos de jogar em ligas fora de seus países de origem, razão pela qual o passe, nos parece, não era o pior dos males, uma vez que faltavam outras liberdades nestes países, não só pertinentes ao exercício da profissão.

Já na sociedade capitalista, baseada no positivismo da Era Moderna, os clubes de futebol exploravam todo o seu poderio diretivo sobre os jogadores abusando do instituto do passe. O jogador não tinha qualquer direito sobre sua carreira, cabendo aos donos de seu passe decidir onde e quando este deveria jogar e em que clube poderia fazê-lo, uma vez que o atleta também poderia ser emprestado. Embora até fosse dada ao jogador a chance de decidir se queria jogar ou não por este ou aquele clube, decerto sofreria sanções por desobediência.

Talvez o melhor conceito sobre a situação do atleta profissional neste auge do desenvolvimento econômico seja a extraída do Manifesto Comunista, escrito por Karl Marx:

> E na mesma medida em que a burguesia, isto é, o capital se desenvolve, desenvolve-se também o proletariado, a classe de operários modernos, os quais só vivem enquanto têm trabalho e só têm trabalho enquanto seu trabalho aumenta seu capital. Estes operários constrangidos a vender-se no varejo, são uma mercadoria como qualquer outro artigo do comércio, e estão por isso, igualmente expostos a todas as vicissitudes da concorrência, a todas as flutuações do mercado.[51]

Transpondo este texto à relação entre clube e atleta no período de vigor da Lei do Passe, vemos que o jogador seria valorizado nas transferências e teria renovações de contrato bem interessantes no período em que estivesse "em alta". Porém, quando passasse por uma má fase, quando tivesse uma contusão, ou mesmo em fim de carreira, teria imensas dificuldades para renovar bons contratos. Ficaria "encostado" até que um clube se interessasse por comprá-lo.

A relação era evidentemente desigual. O fim do contrato deveria significar liberdade para o atleta dirigir-se ao clube que o interessasse, pelo valor que quisesse receber, sem ser depreciado. O que mais preocupava Marx em seus dizeres era

---

(51) MARX, Karl; ENGELS, Friedrich. *Manifesto do partido comunista*. São Paulo: Edipro, 1998. p. 74.

justamente a garantia de condições mínimas de sustento para os proletários e seus dependentes. Isto o passe, instituto legalizado por todo o mundo até meados da década de 1990 do século XX, certamente não garantia aos atletas profissionais de futebol.

Ainda sobre as reflexões de Marx acerca das injustiças sociais, Eduardo Carlos Bianca Bittar comenta:

> A exploração econômica no seio das atividades sociais, a manipulação do poder econômico como forma de exercício de dominação, a criação de instrumentos de servidão do homem pelo homem, formação de uma economia burguesa que extrai da propriedade e da mercadoria a forma de indiferença social, a coisificação humana nas relações sociais, a redução das capacidades humanas ao potencial mensurável de trabalho do homem, a alienação gerada pelo trabalho, a manutenção da hegemonia burguesa mantida com base nas ideias de lei e ordem são alguns temas que inclusive, alcançaram maior repercussão jurídico-política. O modo de proteção burguês é um tipo histórico que dá sequência a uma lógica de exploração remota, que revoluciona materialmente a vida humana, mas que perpetua a desigualdade e a diferença.[52]

O instituto do passe pregava a desvalorização total do ser humano. Uma vez que o clube era detentor dos direitos sobre o jogador, quando julgasse que o atleta tivera um mau desempenho, do ponto de vista técnico, considerando que este era "seu", ou seja, uma mercadoria que gerou prejuízo, punia-o com uma redução drástica de salário, ou até mesmo um afastamento, até que outro clube o comprasse, reduzindo, desta forma, seu próprio prejuízo.

O problema não reside na redução salarial quando da troca de contrato, mesmo que por conta do mau desempenho do atleta. Não há qualquer erro em se negociar uma redução salarial na assinatura do novo compromisso. O que se discute é o fato de isso ser uma decisão praticamente unilateral, pois o atleta não tinha o direito de discutir tal procedimento. Ele apenas teria alguma vantagem se porventura algum clube quisesse pagar o valor de seu passe. Entretanto, na grande maioria dos casos, não era isso o que ocorria. A referida relação tornava-se, então, extremamente desigual e desvantajosa para o atleta. Essa situação só se justificava pelo ponto de vista legal, pois era totalmente injustificável perante a justiça e a moralidade.

Zygmunt Bauman descreve o trabalho na Era Moderna da seguinte maneira:

> A modernidade sólida era, de fato, também o tempo do capitalismo pesado — do engajamento entre o capital e o trabalho fortificado pela

---

(52) BITTAR, Carlos Eduardo Bianca; ALMEIDA, Guilherme Assis de. *Op. cit.*, p. 348.

mutualidade de sua dependência. Os trabalhadores dependiam do emprego para sua sobrevivência; o capital dependia de empregá-los para sua reprodução e crescimento. Seu lugar de encontro fixo; nenhum dos dois poderia mudar-se com facilidade para outra parte — os muros da grande fábrica abrigavam e mantinham os parceiros numa prisão compartilhada. Capital e trabalhadores estavam unidos, pode-se dizer, na riqueza e na pobreza, na saúde e na doença, até que a morte os separasse. A fábrica era seu habitat comum — simultaneamente o campo de batalha para a guerra de trincheiras e lar natural para esperanças e sonhos.[53]

Podemos afirmar então que o passe, como um instituto, tinha alma essencialmente moderna e se liquefez com a desconstrução dessa sociedade perante o capitalismo selvagem e o pragmatismo oriundo do positivismo.

Usando, pois, como base, a afirmativa de Bauman, os trabalhadores dependiam mais que nunca de seus empregadores — que na verdade eram seus donos. O atleta não poderia mudar com facilidade de emprego, pois, mesmo sem contrato, deveria ficar à disposição de seu empregador. A ligação era praticamente como a colocada por Bauman: um casamento em que apenas um poderia se divorciar.

O mesmo autor também desenvolveu o seguinte comentário sobre a importância do trabalho para a sociedade moderna:

> O "trabalho" assim compreendido era a atividade em que se supunha que a humanidade como um todo estava envolvida por seu destino e natureza, e não por escolha, ao fazer história. E o "trabalho" assim definido era um esforço coletivo de que cada membro da espécie humana tinha que participar. O resto não passava de consequência: colocar o trabalho como "condição natural" dos seres humanos, e estar sem trabalho como anormalidade; denunciar o afastamento dessa condição natural como causa de pobreza e de miséria, da privação e da depravação; ordenar homens e mulheres de acordo com o suposto valor de contribuição de seu trabalho ao empreendimento da espécie como um todo; e atribuir ao trabalho o primeiro lugar entre as atividades humanas, por levar ao aperfeiçoamento moral e à elevação geral dos padrões éticos da sociedade.[54]

O fim do instituto do passe tem relação direta com a forma como a sociedade civil organizada passou a enxergar as coisas, pois as relações jurídicas passaram a ser mais flexíveis, menos engessadas, menos sólidas e muito mais líquidas.

---

(53) BAUMAN, Zygmunt. *Modernidade líquida*. Tradução de Plinio Dentzien. Rio de Janeiro: Jorge Zahar, 2007. p. 166.
(54) *Ibidem*, p. 157-8.

4.2. O DIREITO DO TRABALHO NA PÓS-MODERNIDADE

4.2.1. Reflexões pós-modernas sobre o instituto do passe

Quando pensamos nos efeitos do passe sobre a profissão dos atletas de futebol, de acordo com o já exposto, chegamos à conclusão de que, findo o instituto, o mundo do futebol alterou-se drasticamente.

Primeiramente porque os clubes não estavam preparados para tal mudança. O fim do passe foi como a destruição do futebol brasileiro, acabando com o poderio econômico dos clubes. O Brasil é reconhecidamente um exportador de talentos, a maior parte da receita dos clubes vem justamente dos valores relativos a negociações de atletas, principalmente com o exterior.

Então houve grande desconfiança por parte dos clubes e a consequente reprovação da lei. Inclusive, ainda hoje há defensores do instituto do passe.

Já por parte dos atletas profissionais houve um processo contrário. Como eles se sentiram livres para negociar os seus contratos, usando principalmente a impotência dos clubes na elaboração dos contratos, passaram a explorar o fim do passe para estabelecer relações muito mais financeiras que emocionais, potencializando os conflitos e as críticas em relação ao fim do instituto.

Sobre tal assunto, cabe-nos uma reflexão acerca da seguinte citação de Eduardo Carlos Bianca Bittar sobre o excesso de liberdade:

> Os limites da liberdade do ser humano são necessários, pois ele é capaz de tudo, do ato mais sublime ao mais bestial. A grande contribuição trazida pelo conceito de Estado de Direito é que essas limitações só poderão ser realizadas pela lei. Assim o ser humano não está sujeito ao poder desmesurado de outro ser, mas, ao menos teoricamente, à justa e adequada orientação da lei.[55]

Obviamente os atletas não feriam a lei. Entretanto houve, talvez por conta da falta de profissionalismo de ambas as partes, a ausência do pêndulo equilibrado da justiça. A título de comparação, muitos acusam nossa Constituição de ser exagerada na exposição de direitos e garantias, desconsiderando que isso se deve ao fato de ter sido elaborada em um período de rigidez, pós-ditadura. Talvez o fim do passe tenha causado o mesmo tipo de desproporção.

Porém, a devida análise dos efeitos sofridos pelos atletas durante a vigência do passe pode justificar os exageros cometidos neste período.

---

(55) BITTAR, Carlos Eduardo Bianca; ALMEIDA, Guilherme Assis de. *Op. cit.*, p. 513.

Tal reflexão, sobre o domínio de uma classe sobre outra e os efeitos ora causados com o fim deste domínio, já fora desenvolvida por Marx e Engels no Manifesto do Partido Comunista:

> Desaparecidas no curso do desenvolvimento as diferenças de classes e concentrada toda a produção nas mãos dos indivíduos associados, o poder público perde o caráter político. Em sentido próprio, o poder político é o poder organizado de uma classe para dominar a outra. Se o proletariado na luta contra a burguesia necessariamente se unifica em classe e por uma revolução dominante suprime as forças das velhas relações de produção, então suprime juntamente com estas relações as condições de existência do antagonismo de classes, as classes em geral, e, com isto seu próprio domínio como classe.[56]

Examinando tal assertiva sob a perspectiva do passe, com a devida proporcionalidade, os atletas tinham o sentimento de inferioridade em relação aos seus empregadores. Estes alimentavam a ideia de que possuíam os meios de poder nas mãos e, por isso, exploravam a mão de obra dos atletas, sem os valorizar devidamente. Com o fim do passe, os atletas passaram a sentir-se em pé de igualdade com seus empregadores, tratando-os da mesma forma desrespeitosa como foram tratados durante décadas. Este, reconhecidamente, não era o caminho adequado a ser tomado.

Com o tempo, precisaria ser desenvolvido um meio-termo para que esta relação se tornasse mais equilibrada, revelando a real importância de cada envolvido, ou seja, atletas, clubes e torcedores.

4.2.2. Efeitos práticos das mudanças pertinentes ao fim do passe

O primeiro efeito prático advindo pós-lei do passe foi um intenso êxodo de atletas, principalmente aos países em que o futebol era menos desenvolvido. Estes pagavam salários pouco melhores que os clubes médios brasileiros, porém não tinham condições de comprar o passe do referido atleta.

Como substituto do passe foi criada a chamada cláusula penal no contrato desportivo. Entretanto, os clubes de futebol demoraram a entender este mecanismo e a explorá-lo devidamente.

Já os atletas passaram a ter a garantia de recebimentos todos os meses, pois só estariam vinculados ao clube por força de contrato. Então, eles passaram a ser trabalhadores comuns e poderiam jogar onde quisessem, quando quisessem.

---

(56) MARX, Karl; ENGELS, Friedrich. *Op. cit.*, p. 90.

Sendo assim, os clubes precisaram desenvolver outros atrativos aos atletas para que estes permanecessem no time, renovando seus contratos. É fato que o poder de negociação dos atletas cresceu sensivelmente e os clubes passaram a valorizar muito mais o lado humano do profissional de futebol.

O prazer de trabalhar em um local onde se é estimado é tão importante quanto um bom pagamento a título de salário; há inclusive situações em que é mais gratificante receber menos mas estar em um local onde se é valorizado. Então, é fundamental, para todas as partes envolvidas, a satisfação e a vontade de estarem juntos.

As reflexões relativas ao tratamento a ser dado ao ser humano tornaram-se importantes; questões éticas começaram a ser mais discutidas. Por essa razão, o futebol se aproximou mais da realidade exigida em uma sociedade pós-moderna. Segundo Eduardo Carlos Bianca Bittar:

> [...] a reflexão filosófica contemporânea deve ser sensível à questão de que a razão não se substitui pelo afeto como um modo de praticar a ética do cuidado. O afeto não exclui a reflexão e nem a reflexão exclui o afeto; como as instâncias complementares, ambas sobrevivem lado a lado após os longos percursos modernos dos expurgos em que *lógos* soterra *éros*. Por isso foram necessárias experiências que demonstraram o desenfreado caráter logomaníaco da razão, que aponta para a barbárie. Onde o equilíbrio pondera, eles litigam e, ao litigarem, se anulam com forças capazes de afirmarem a vida. Portanto a filosofia que extrai da biofilia o seu fundamento deve necessariamente alinhar-se na perspectiva da disseminação de uma identidade humana capaz de transpirar responsabilidade e afeto entre o ego e alter.[57]

Deve haver valorização das relações sem que se esqueça da valorização da reflexão, ou seja, da razão.

Precisamos agora pensar sobre a real condição do instituto substituidor do passe, a cláusula penal no contrato desportivo. Para tanto, precisaremos avaliar sua importância para o esporte, seu desenvolvimento histórico e qual o seu objetivo-fim. Afinal, não se discute o mal que o passe fez aos atletas profissionais de futebol. A cláusula penal veio para colocar justiça na relação clube-atleta, resguardar os interesses de ambos, pois o futebol também tem seu cunho social, tanto na prestação dos clubes no desenvolvimento do esporte e da educação, como na exibição dos atletas para entretenimento dos fãs do esporte.

---

(57) BITTAR, Carlos Eduardo Bianca; ALMEIDA, Guilherme Assis de. *Op. cit.*, p. 646.

CAPÍTULO 5

CLÁUSULA PENAL

5.1. Aspectos históricos sobre a cláusula penal

5.1.1. Nascimento da cláusula penal

A cláusula penal é algo que já está presente no mundo jurídico desde os tempos mais remotos. Teve seu nascimento com o Direito Romano e, segundo R. Limongi França, seu conceito original é o que segue:

> Começando o estudo da noção romana de *pena convencione*, assim se exprime: Diz-se pena convencional a prestação à qual alguém se obriga, na hipótese de não cumprir uma outra obrigação; esta última pode ser o próprio promitente ou de um terceiro, de se fazer no primeiro caso ao promissário ou a um terceiro, no segundo caso sempre ao promissário.
>
> E acrescenta "Por extensão as palavras 'pena convencional' designam a convenção relativa à pena, tendo prevalecido no uso de outra, mais apropriada, 'convenção penal'".[58]

Mucio Continentino traz sua explicação da cláusula penal advinda do Direito Romano:

---

(58) FRANÇA, R. Limongi. *Teoria e prática da cláusula penal*. São Paulo: Saraiva, 1988. p. 16.

No Direito Romano, portanto, a cláusula penal era a única sancção de cumprimento das *nuda pactiones*, tida como elemento indispensável na transação e no compromisso. Como o próprio nome indica, o primitivo direito romano considerava como o réo o devedor que não cumpria a sua promessa e a *stipulatio penae* tinha então por escopo assegurar não a reparação no dano causado pelo inadimplemento, mas a repressão de *delicto commettido* pelo devedor não cumprido.[59]

Então, o que nos fica claro é que o objetivo inicial da cláusula penal era tratar do inadimplemento de uma dívida como uma cobrança no âmbito criminal, ou seja, criminalizar tal ato, algo reconhecidamente bem comum no Direito Romano.

Entretanto, Mucio Continentino revela em sua obra uma mudança considerável durante o próprio período do Direito Romano:

> A ideia de pana abrandou-se, substituindo-se pela de reforço da prestação prometida, passando a acessório o que era principal, e inversamente. Deferindo profundamente primitiva noção da cláusula penal da que se conserva modernamente, nem por isso o conceito de pena deixa de ainda projetar-se sobre o instituto; não pena criminal, mas, pena civil, sanção civil.[60]

No direito medieval também encontramos a cláusula penal, principalmente na Península Ibérica, nas chamadas "sete partidas", desenvolvidas por Gregório Lopes, em Salamanca, no ano de 1555. De tal documento nos cumpre citar a Lei de n. 34: "Ley 34: Que pena merecen aquellos que nõ guardan lãs promissiones que fazen".

Rubens Limongi França nos traz ainda o seguinte ensinamento:

> Ressaltamos que na Lei n. 34, onde, além da identificação da matéria como pena que "ES dicha em tatin cõventionales", encontramos a regulamentação básica dos direitos do credor entre a pena ou a qual obrigação, a menos que o devedor "se obligó diciendo que fuesse tenudo a todo a pechar La pena e a cumplir promisson".[61]

O que volta a ser valorizado no direito ibérico do período medieval é justamente o compromisso de pagamento como algo sério e o seu não pagamento como grave e inaceitável. Fala-se em punições severas pelo inadimplemento das dívidas contraídas.

---

(59) CONTINENTINO, Mucio. *Da cláusula penal no direito brasileiro*. São Paulo: Saraiva, 1926. p. 13.
(60) *Ibidem*, p. 15.
(61) FRANÇA, Rubens Limongi. *Op. cit.*, p. 27-28.

Já a França teve o assunto tratado no chamado Código Napoleônico, nos arts. 1.226 a 1.233, que serviram como base para a fundamentação legal das mais importantes nações.

R. Limongi França desenvolveu um amplo estudo sobre o tema e discorre sobre tal código:

> Os preceitos citados se encontram no Liv. III, "Das diferentes maneiras de se adquirir a propriedade", Tit. III, "Dos contratos de das obrigações convencionais em geral", Cap. IV, "Das diversas espécies de obrigações", Seção VI, e tratam dos seguintes assuntos respectivamente:
>
> Conceito de cláusula penal.
>
> Nulidade da cláusula penal e da obrigação principal.
>
> Direito do credor de demandar a obrigação principal, em lugar de pena.
>
> Caráter da cláusula penal, de indenização por perdas e danos. Proibição de demandar conjuntamente a pena e a obrigação, salvo estipulação para retardamento (*retard*).
>
> *Commissio poenae,* tão logo haja mora (*demeure*), exista ou não termo.
>
> Revisão judicial, havendo cumprimento parcial.
>
> Responsabilidade pela cláusula penal, dos coerdeiros de devedor de coisa indivisível.
>
> *Idem*, na obrigação de coisa divisível. Exceção prevista para o caso de proibição de pagamento parcial, e responsabilidade de um dos coerdeiros do devedor quanto ao inadimplemento.[62]

O que fica demonstrado é que o Código Napoleônico era extremamente completo no que tange ao tema. Buscava justamente desenvolver todas as perspectivas importantes em relação à cláusula penal. Obviamente, apresentava o cunho civil e era pautado em cobranças pertinentes a estes aspectos. Mas a importância para o desenvolvimento do tema é inegável, inclusive servindo, como já mencionado, para a criação de outras legislações.

---

(62) *Ibidem*, p. 30.

5.1.2. A CLÁUSULA PENAL NO DIREITO BRASILEIRO

A cláusula penal do direito brasileiro nasce com a legislação trazida pelo portugueses, uma vez que éramos colônia de tal país. Nas palavras de Mucio Continentino:

> No nosso direito anterior, a cláusula penal era regulada pelas Ordenações do Reino, L. IV, Tit. LXX — Das penas convecionaes e judiciaes e interesses em que casos se podem levar. A Cons. de Teixeira de Freitas della ocupa nos arts. 391-393, e Carlos de Carvalho inscreve-a como comprehendida na modalidade e confirmação dos actos jurídicos (art. 245 do Div. Civ. Bras. Recopilado, art. 880). Outorgou-lhe o código civil outra amplitude, divergindo frequentemente do direito anterior, para aperfeiçoar tal instituto.[63]

Para efeito de estudo, segue o texto com os artigos elaborados por Teixeira de Freitas, na Consolidação supracitada por Continentino, pertinentes à cláusula penal:

> **Art. 391.** As *penas convencionaes* são permitidas, mas não podem exceder o valor da obrigação principal, ou seja de dar, ou seja de fazer.

> **Art. 392.** Se o conctrato fôr nullo, ou torpe, e reprovado, a *penna convencional* será também nula.

Entretanto, Teixeira de Freitas desenvolveu também um Anteprojeto para nosso primeiro Código Civil. Diferentemente da Consolidação, que é extremamente sucinta em relação ao tema, o seu Anteprojeto era reconhecidamente mais completo. Rubens Limongi França comenta tal Anteprojeto:

> No que tange à cláusula penal, podemos dizer que apresenta o mais rico e completo texto de quantos existem sobre a matéria, encontramos paralelo apenas no argentino, de cujos quinze preceitos, nada menos que dez foram reproduzidos de Teixeira de Freitas.[64]

Realmente, na obra de Teixeira de Freitas tal tema abrangia do art. 990 ao art. 1003, o que nos dá a dimensão da complexidade de tal texto.

Houve outros projetos como os de Coelho Rodrigues, Felício dos Santos e Carlos de Carvalho. Entretanto, como é sabido, o projeto-base para elaboração do Código Civil de 1916 foi desenvolvido por Clóvis Beviláqua.

---

(63) CONTINENTINO, Mucio. *Op. cit.*, p. 17.
(64) FRANÇA, Rubens Limongi. *Op. cit.*, p. 79.

Em seu projeto inicial, segundo preceitua R. Limongi França, os artigos pertinentes à cláusula penal estavam elencados dos arts. 1.062 ao 1.073.[65]

Entretanto, depois de passar pelo Senado e ter sofrido alterações, após parecer emitido pelo Senador Rui Barbosa, os artigos pertinentes à cláusula penal ficaram elencados nos arts. 916 a 927.[66]

Segue a íntegra dos artigos ora elencados, citados do Código Civil de 1916:

Art. 916. A cláusula penal pode ser estipulada conjuntamente com a obrigação ou em ato posterior.

Art. 917. A cláusula penal pode referir-se à inexecução completa da obrigação, à de alguma cláusula especial ou simplesmente à mora.

Art. 918. Quando se estipular a cláusula penal para o caso total inadimplemento da obrigação, esta converter-se-á em alternativa a benefício do credor.

Art. 919. Quando se estipular a cláusula penal para o caso de mora, ou e segurança especial de outra cláusula determinada, terá o credor o arbítrio de exigir a satisfação da pena cominada, juntamente com o desempenho da obrigação principal.

Art. 920. O valor da cominação imposta na cláusula penal não poderá exceder o da obrigação principal.

Art. 921. Incorre de pleno direito o devedor na cláusula penal, desde que vença o prazo da obrigação, ou, se o não há, desde que constitua em mora.

Art. 922. A nulidade da obrigação importa a da cláusula penal.

Art. 923. Resolvida a obrigação, não tendo culpa o devedor, resolve-se a cláusula penal.

Art. 924. Quando se cumprir em parte a obrigação, poderá o juiz reduzir proporcionalmente a pena estipulada para o caso de mora, ou de inadimplemento.

Art. 925. Sendo indivisível a obrigação, todos os devedores e seus herdeiros, caindo em falta um deles, incorrerão na pena; mas esta só se poderá demandar integralmente do culpado. Cada um dos outros responde pela sua quota.

Parágrafo único. Aos não culpados fica reservada a ação regressiva contra o que deu causa à aplicação da pena.

---

(65) *Ibidem*, p. 86.
(66) *Ibidem*, p. 95.

Art. 926. Quando a obrigação for divisível, só incorre na pena do devedor, ou do herdeiro do devedor a que infringir, e proporcionalmente à sua parte na obrigação.

Art. 927. Para exigir a pena convencional, não é necessário que o credor alegue prejuízo.[67]

No atual Código Civil, que vigora desde 2002, os artigos pertinentes à cláusula penal constam dos arts. 408 ao 416.

5.2. Aspectos gerais sobre a cláusula penal

5.2.1. Definição

Após analisarmos os aspectos históricos da cláusula penal, passaremos a sua conceituação e eficácia.

Para tal definição, recorremos ao principal autor do Código Civil brasileiro de 1916, Clóvis Beviláqua, que aduz sobre a cláusula penal: "A pena também funciona como força coercitiva para coagir o devedor a cumprir a promessa, e como reação punitiva do delito civil da inexecução ou da mora".[68]

A definição de R. Limongi França sobre o referido tema nos parece importante para o entendimento sobre este instituto:

> A cláusula penal é um pacto acessório ao contrário do ato jurídico, efetuado na mesma declaração ou em declaração à parte, por meio do qual se estipula uma pena, em dinheiro ou em utilidade, a ser cumprida pelo devedor ou por terceiro, cuja finalidade precípua é garantir, alternativa ou cumulativamente, conforme o caso, em benefício do credor ou de outrem, o fiel e exato cumprimento da obrigação principal, bem assim, ordinariamente, constituir-se na pré-avaliação das perdas e danos e em punição ao inadimplente.[69]

Com base na referida definição, temos a noção da abrangência e da importância da cláusula penal para cumprimento das obrigações contratuais. Como já antes exposto, na Antiguidade, adotava-se a cláusula penal como punição voltada para o aspecto penal. Hoje, na era de grandes contratos na base de nossa economia, podemos afirmar que o efeito prático é tão importante quanto foi no passado.

Antonio Pinto Monteiro nos traz outra boa definição sobre a cláusula penal:

---

(67) *Ibidem*, p. 95-96.
(68) CONTINENTINO, Mucio. *Op. cit.*, p. 16.
(69) FRANÇA, Rubens Limongi. *Raízes e dogmáticas da cláusula penal*. São Paulo: Gráfica, 1987. p. 7.

> Especialmente vocacionada, conforme a sua origem histórica, para atuar como instrumento de feição compulsória, em ordem de incentivar o rigoroso cumprimento das obrigações, a cláusula penal constitui, ao mesmo tempo, segundo a perspectiva dominante, uma forma de liquidação do dano, dispensando o credor, em caso de inadimplemento, de recorrer à indenização, que ela substitui. É precisamente esta dupla função, tradicionalmente reconhecida da cláusula penal, que está no centro do debate e gera a controversa e delicada questão de determinar a sua natureza jurídica.[70]

A definição da natureza jurídica, por conta do exposto, é algo complexo. O que precisa ser analisado no conceito visto é justamente o que a cláusula penal busca com sua aplicabilidade em um contrato. A cláusula penal vem se modificando com o decorrer da história, entretanto seu caráter punitivo nunca foi perdido ou modificado. O que na verdade se criou foram diversos acessórios ligados a ela, para sua efetiva aplicação.

A estrutura fundamental deste mecanismo, segundo descreve R. Limongi França, terá as seguintes divisões:

> Punitiva;
>
> Compensatória alternativa;
>
> Compensatória cumulativa;
>
> Liberatória (ou penitencial ou ainda imprópria).[71]

Há controvérsias acerca da efetividade do aspecto punitivo da cláusula penal, uma vez que hodiernamente ela já não o apresenta. R. Limongi França sustenta, sobre a ineficácia do sentido punitivo:

> Com efeito, consideramos a hipótese do Código Civil brasileiro, arts. 917, princípio, e 918, a saber, da cláusula referente à inexecução completa da obrigação "esta converter-se-á em alternativa de benefício do credor", patente se depara que à sua função é, no caso, meramente substitutiva e nada tem de semelhante a uma pena.[72]

Quando pensamos na cláusula penal compensatória alternativa, parece-nos um conceito voltado para a cláusula funcionar como acessório para punição. No

---

(70) MONTEIRO, Antonio Pinto. *Cláusula penal e indenização*. Coimbra: Almeolina, 1990. p. 5.
(71) FRANÇA, Rubens Limongi. *Op. cit.*, p. 183.
(72) *Ibidem*, p. 134.

caso prático, podemos imaginar a situação de exigência do cumprimento de determinada sanção anterior, e somente no caso de descumprimento dela caberá a punição mediante a cláusula penal.

Já a cláusula penal compensatória cumulativa, como o próprio nome diz, tem tanto a função indenizatória — ou seja, para rompimento do contrato o agente que ocasionou tal situação deverá indenizar o outro contratante —, como também a de não excluir punição por descumprimento contratual — isto é, o agente que deu causa ao rompimento, mesmo indenizando, não está livre de outra sanção pertinente ao contrato. Esta cláusula nos parece excessivamente punitiva.

Por fim, a cláusula penal liberatória é acionada quando ocorre uma necessidade jurídica de liberação.

Com relação a sua necessidade, será citada a definição de R. Limongi França:

> No que tange à necessidade basta atentar para o fato de que a multa penitencial e cláusula penal não raro se estipulam para fins diferentes em um mesmo negócio jurídico, sendo possível que isto se dê até mesmo em uma única cláusula, de onde há imprescindibilidade de se saber dentro de um mesmo conspecto doutrinário, o que caracteriza uma e a outra, a fim de elucidar o alcance de cada qual.[73]

A cláusula penal liberatória, chamada por França de multa penitencial, muitas vezes é cumulada com outros aspectos da cláusula penal, dada a sua importância para o negócio jurídico.

Então, segundo o raciocínio acima exposto, a cláusula penal desportiva seria do tipo liberatória, uma vez que tem por objetivo conceder ao atleta o direito de, ao romper seu contrato, dirigir-se a outro clube.

5.2.2. A CLÁUSULA PENAL DO NOVO CÓDIGO CIVIL

O novo Código Civil, conforme já mencionado, traz dos seus arts. 408 ao 416 os preceitos da cláusula penal. Tais artigos estão dispostos da seguinte maneira:

Art. 408. Incorre de pleno direito o devedor na cláusula penal, desde que, culposamente, deixe de cumprir a obrigação ou se constitua em mora.

Art. 409. A cláusula penal estipulada conjuntamente com a obrigação, ou em ato posterior, pode referir-se à inexecução completa da obrigação, à de alguma cláusula especial ou simplesmente à mora.

---

(73) *Ibidem*, p. 136.

Art. 410. Quando se estipular a cláusula penal para o caso de total inadimplemento da obrigação, esta converter-se-á em alternativa a benefício do credor.

Art. 411. Quando se estipular a cláusula penal para o caso de mora, ou em segurança especial de outra cláusula determinada, terá o credor o arbítrio de exigir a satisfação da pena cominada, juntamente com o desempenho da obrigação principal.

Art. 412. O valor da cominação imposta na cláusula penal não pode exceder o da obrigação principal.

Art. 413. A penalidade deve ser reduzida equitativamente pelo juiz se a obrigação principal tiver sido cumprida em parte, ou se o montante da penalidade for manifestamente excessivo, tendo-se em vista a natureza e a finalidade do negócio.

Art. 414. Sendo indivisível a obrigação, todos os devedores, caindo em falta um deles, incorrerão na pena; mas esta só se poderá demandar integralmente do culpado, respondendo cada um dos outros somente pela sua quota.

Parágrafo único. Aos não culpados fica reservada a ação regressiva contra aquele que deu causa à aplicação da pena.

Art. 415. Quando a obrigação for divisível, só incorre na pena o devedor ou o herdeiro do devedor que a infringir, e proporcionalmente à sua parte na obrigação.

Art. 416. Para exigir a pena convencional, não é necessário que o credor alegue prejuízo.

Está claro que o conceito de cláusula penal, com o decorrer do tempo, sofreu algumas modificações, entretanto a ideia inicial do Código de 1916 foi mantida. Ela é importante para a garantia dos negócios jurídicos dado o papel que desempenha no cumprimento das obrigações referentes a contratos.

Tanto esta relação de eficácia tem sido mantida, que os doutrinadores a vêm reiterando com o decorrer dos tempos.

A cláusula penal é um instituto trazido do Direito Civil para o Direito Desportivo do Trabalho justamente para substituir o controvertido passe. Para tanto, terá de respeitar a finalidade histórica do passe e funcionar como uma real alternativa.

Afinal, com o advento da cláusula penal e o fim do passe, a grande reivindicação dos atletas profissionais de futebol foi atendida: a liberdade de trabalhar onde bem entendessem, findo o seu contrato, inclusive com a possibilidade de negociar valores maiores.

Por esta razão, sua efetividade nas relações do futebol é de extrema importância para a manutenção das relações entre clubes e jogadores, afinal, quando este instrumento veio substituir o passe, a ideia era justamente dar garantias jurídicas aos investidores do esporte. Isso porque assegurar aos clubes de futebol os seus investimentos é garantir efetivamente o desenvolvimento deste esporte em nosso país e em todo o mundo.

5.3. A CLÁUSULA PENAL NOS CONTRATOS DE ATLETAS PROFISSIONAIS DE FUTEBOL

5.3.1. O CONTRATO DO ATLETA PROFISSIONAL DE FUTEBOL

Em nossa legislação trabalhista, consideramos que o contrato de trabalho tanto pode ser escrito ou verbal, ou seja, desde que tenha um aceite verbal entre as partes, mesmo que sem um instrumento assinado, o contrato valerá.

Também temos a forma em que o contrato de trabalho, em seu ato negocial, é exercitado na forma expressa (que já tenha definidas as condições acordadas entre as partes), ou mesmo tácita (que mesmo sem nada acordado, ou conversado, de forma espontânea, o empregado comece a trabalhar para o empregador, e este comece a remunerá-lo também sem nada expressamente acordado), tendo ambos os atos igual valor.

No que tange ao Direito Desportivo do Trabalho, obviamente por estar diretamente ligado ao Direito do Trabalho, os mesmos regramentos são seguidos, com exceção para o atleta profissional de futebol, segundo descrito pelo art. 28 da Lei n. 9.615/98, também conhecida como Lei Pelé.

Já o art. 94 da mesma lei afirma que:

> Os arts. 27, 27-A, 28, 29, 30, 39, 43, 45 e o § 1º do art. 41 desta Lei serão obrigatórios exclusivamente para atletas e entidades de prática profissional da modalidade de futebol.
>
> **Parágrafo único.** É facultado às demais modalidades desportivas adotar os preceitos constantes dos dispositivos referidos no *caput* deste artigo.

Após a atenta leitura de ambos os artigos, fica demonstrado que, no caso do atleta profissional de futebol, se faz necessário o "contrato formal", ou seja, escrito.

O contrato desportivo de trabalho tem peculiaridades, oriundas justamente das particularidades da função que serão expostas abaixo.

A Lei n. 9.615/98, em seu art. 30, assevera que "o contrato de trabalho do atleta profissional terá prazo determinado, com vigência nunca inferior a três meses nem superior a cinco anos".

Por si só esse artigo exclui a aplicação do art. 445 da CLT, que estipula o contrato por prazo determinado por dois anos, no máximo.

A lei trabalhista permite contratos de trabalho por prazo indeterminado, melhor dizendo, os contratos não têm, em sua maioria, termo de encerramento, pois, no pensamento correto de nosso ordenamento jurídico, o contrato com esta característica apresenta estabilidade ao empregado e uma série de garantias para que ele não seja desligado sem justa causa.

Já o contrato de atleta desportivo quer garantir ao jogador o direito de poder se transferir para qualquer clube após o seu encerramento. No entanto, com o objetivo de salvaguardar os direitos dos clubes, que fazem investimentos altos nos atletas, o contrato terá o prazo máximo de cinco anos.

A Lei n. 6.354, de 2 de setembro de 1976, obriga que no contrato de profissional de futebol sejam discriminados todos os valores a serem percebidos pelo trabalhador, ou seja, diferenciar o que é salário, luvas, bichos, dentre outros. Também deve constar que ambas as partes conhecem devidamente o estatuto e as normas disciplinares a que estão submetidas.

O art. 28 da Lei n. 6.354/76 afirma que "aplicam-se ao atleta profissional de futebol as normas gerais da legislação do trabalho e da previdência social, exceto naquilo que forem incompatíveis com as disposições dessa lei".

Esta determinação deixa clara a aplicação subsidiária da legislação trabalhista e da Seguridade Social em relação às Leis pertinentes e específicas ao tema.

Sobre a condição de empregador do atleta profissional de futebol, no exercício de suas atividades, apenas caberá ao clube de futebol ser seu empregador. Tal definição consta nos arts. 1º e 2º da Lei n. 6.354/76, que é a antiga Lei do Passe, a qual teve alguns de seus artigos mantidos:

Art. 1º Considera-se empregador a associação desportiva que, mediante qualquer modalidade de remuneração, se utilize dos serviços de atletas profissionais de futebol, na forma definida nesta Lei.

Art. 2º Considera-se empregado, para os efeitos dessa Lei, o atleta que praticar futebol, sob a subordinação do empregador, tal como definido no art. 1º, mediante remuneração e contrato, na forma do artigo seguinte.

Esta afirmação é importante, pois hodiernamente é comum publicarem na imprensa que determinado atleta é remunerado por certa empresa, empresário, fundo de investimentos, entre outros. Na verdade, esses grupos de investidores podem fazer parcerias com os clubes, no entanto, quem tem o dever de remunerar e a quem o atleta é subordinado é o clube de futebol.

Consequentemente, quando o atleta não recebe o seu salário, o clube é quem lhe deve e não o seu patrocinador.

Em sua obra, Domingos Sávio Zainaghi pronuncia:

Vê-se, pois, que o empregador só poderá ser uma pessoa jurídica, ou seja, uma associação. E esta, como entidade de prática desportiva, deverá revestir-se das formalidades exigidas na legislação específica, como, por exemplo, seu registro na Federação Estadual e na Confederação Brasileira de Futebol.[74]

Já no que tange ao art. 2º, a definição de empregado é bem clara, pois o atleta que pratica futebol e percebe remuneração, segundo o art. 1º desta lei, é considerado como tal.

O ponto fundamental é justamente definir o vínculo de emprego do atleta profissional com seu clube, pois na CLT, em seu art. 3º, temos a seguinte definição de empregado:

Art. 3º Considera-se empregado toda pessoa física que prestar serviços de natureza não eventual ao empregador, sob dependência deste e mediante salário.

Após a definição supracitada, fica demonstrado o vínculo, pois o atleta não assina contrato para jogar em caráter eventual e recebe salário para tal.

A subordinação também já está implícita em sua atividade, pois o atleta deve estar sempre preparado para cumprir suas obrigações, como treinamentos e exibição, respeitando os horários determinados pelo seu empregador.

5.3.2. A CELEBRAÇÃO DO PRIMEIRO CONTRATO

O primeiro contrato do jogador de futebol tem por objetivo assegurar dois parâmetros.

Primeiramente, resguardar o clube formador que cumprir com as exigências legais para tal, a fim de que este não assuma gastos para formar um atleta que depois o abandonará, assim perdendo o direito de usufruir a capacidade laboral deste trabalhador e acabando em prejuízo.

O segundo objetivo é inibir a atuação de aliciadores junto aos jogadores, o que prejudica, como já citado, os clubes e principalmente o próprio atleta.

Porém ainda estamos longe de garantir tais prerrogativas dessa lei, o que nos obriga a aperfeiçoar os mecanismos que conduzam a este objetivo.

O art. 29 da Lei n. 9.615/98 teve sua redação alterada pela Lei n. 10.672, de 15 de março de 2003, sendo que as alterações influenciaram diretamente em seu aperfeiçoamento.

---

(74) ZAINAGHI, Domingos Sávio. *Op. cit.*, p. 17.

Esta lei criou mecanismos preestabelecidos de multas em seu sexto parágrafo. Porém, faz-se necessário um acompanhamento, por parte do legislador, para sempre aperfeiçoar a referida Lei e garantir tanto ao empregado (atleta profissional) quanto ao empregador (clube e torcida) que não sejam prejudicados por pessoas que buscam lucro próprio, arruinando carreiras e até mesmo clubes.

Art. 29. A entidade de prática desportiva formadora do atleta terá o direito de assinar com esse, a partir de dezesseis anos de idade, o primeiro contrato de trabalho profissional, cujo prazo não poderá ser superior a cinco anos.

Parágrafo único. (VETADO).

§ 3º A entidade de prática desportiva formadora detentora do primeiro contrato de trabalho com o atleta por ela profissionalizado terá o direito de preferência para a primeira renovação deste contrato, cujo prazo não poderá ser superior a dois anos.

§ 4º O atleta não profissional em formação, maior de quatorze e menor de vinte anos de idade, poderá receber auxílio financeiro da entidade de prática desportiva formadora, sob a forma de bolsa de aprendizagem livremente pactuada mediante contrato formal, sem que seja gerado vínculo empregatício entre as partes.

§ 5º É assegurado o direito ao ressarcimento dos custos de formação de atleta não profissional menor de vinte anos de idade à entidade de prática de desporto formadora sempre que, sem a expressa anuência dessa, aquele participar de competição desportiva representando outra entidade de prática desportiva.

§ 6º Os custos de formação serão ressarcidos pela entidade de prática desportiva usufruidora de atleta por ela não formado pelos seguintes valores:

I — quinze vezes o valor anual da bolsa de aprendizagem comprovadamente paga na hipótese de o atleta não profissional ser maior de dezesseis e menor de dezessete anos de idade;

II — vinte vezes o valor anual da bolsa de aprendizagem comprovadamente paga na hipótese de o atleta não profissional ser maior de dezessete e menor de dezoito anos de idade;

III — vinte e cinco vezes o valor anual da bolsa de aprendizagem comprovadamente paga na hipótese de o atleta não profissional ser maior de dezoito e menor de dezenove anos de idade;

IV — trinta vezes o valor anual da bolsa de aprendizagem comprovadamente paga na hipótese de o atleta não profissional ser maior de dezenove e menor de vinte anos de idade.

§ 7º A entidade de prática desportiva formadora para fazer jus ao ressarcimento previsto neste artigo deverá preencher os seguintes requisitos:

I — cumprir a exigência constante do § 2º deste artigo;

II — comprovar que efetivamente utilizou o atleta em formação em competições oficiais não profissionais;

III — propiciar assistências médicas, odontológicas e psicológicas, bem como contratação de seguro de vida e ajuda de custo para transporte;

IV — manter instalações desportivas adequadas, sobretudo em matéria de alimentação, higiene, segurança e salubridade, além de corpo de profissionais especializados em formação técnico-desportiva;

V — ajustar o tempo destinado à formação dos atletas aos horários do currículo escolar ou de curso profissionalizante, exigindo o satisfatório aproveitamento escolar.

O primeiro contrato, segundo o art. 28, poderá conter a cláusula penal, que nada mais é que um instrumento de proteção os clubes.

5.3.3. Definição e nascimento da cláusula penal

A cláusula penal, conforme já foi colocado, nasce com a promulgação da Lei Pelé (Lei n. 9.615/98), com o fim do instituto do passe.

Sua fundamentação legal é o art. 28, § 2º da referida Lei, pois, no mesmo momento em que foi dissolvido o instituto do passe, tornou-se sua substituta natural.

Hoje ela é inerente aos contratos de jogadores de futebol em todo o mundo. Afinal a FIFA, quando obrigada pela Corte europeia a abdicar do passe, adotou a cláusula penal como substituta.

A redação completa do art. 28 da citada Lei é de suma importância para o entendimento deste instituto e sua aplicação no direito desportivo do trabalho e, por consequência, nos contratos de atletas profissionais:

> **Art. 28.** A atividade do atleta profissional de todas as modalidades desportivas, é caracterizada por remuneração pactuada em contrato formal de trabalho firmado com entidade de prática desportiva, pessoa jurídica de direito privado, que deverá conter, obrigatoriamente, cláusula penal para as hipóteses de descumprimento, rompimento ou rescisão unilateral.
>
> § 1º Aplicam-se ao atleta profissional as normas gerais da legislação trabalhista e da seguridade social, ressalvadas as peculiaridades expressas nesta Lei ou integrantes do respectivo contrato de trabalho.
>
> § 2º O vínculo desportivo do atleta com a entidade desportiva contratante tem natureza acessória ao respectivo vínculo trabalhista, dissolvendo-se, para todos os efeitos legais;

I — com o término da vigência do contrato de trabalho desportivo; ou;

II — com o pagamento da cláusula penal nos termos do *caput* deste artigo; ou ainda

III — com a rescisão decorrente do inadimplemento salarial de responsabilidade da entidade desportiva empregadora prevista nesta

§ 3º O valor da cláusula penal a que se refere o *caput* deste artigo será livremente estabelecido pelos contratantes até o limite máximo de cem vezes o montante da remuneração anual pactuada.

§ 4º Far-se-á redução automática do valor da cláusula penal prevista no *caput* deste artigo, aplicando-se, para cada ano integralizado do vigente contrato de trabalho desportivo, os seguintes percentuais progressivos e não-cumulativos:

I — dez por cento após o primeiro ano;

II — vinte por cento após o segundo ano;

III — quarenta por cento após o terceiro ano;

IV — oitenta por cento após o quarto ano.

§ 5º Quando se tratar de transferência internacional, a cláusula penal não será objeto de qualquer limitação, desde que esteja expresso no respectivo contrato de trabalho desportivo.

§ 7º É vedada a outorga de poderes mediante instrumento procuratório público ou particular relacionados a vínculo desportivo e uso de imagem de atletas profissionais em prazo superior a um ano.

Podemos definir cláusula penal como instituto acessório do contrato de trabalho, que possui a finalidade jurídica de indenizar o clube no momento em que o jogador decide rescindir seu contrato de trabalho para se transferir ou não a outro clube de futebol.

Após analisarmos este conceito e compará-lo ao instituto do passe, apontamos suas diferenças básicas.

O passe não era um instituto acessório ao contrato de trabalho, razão pela qual, mesmo com o fim do contrato, o passe não se extinguia. Certamente esta é a grande revolução promovida.

Havia redução do valor cobrado na cláusula de acordo com o período já cumprido do referido contrato.

O valor da cláusula para transações nacionais era limitado, estipulado com base no salário pactuado entre as partes.

Nota-se que, embora a cláusula fosse reconhecidamente a substituta do passe, sua evolução não carregava as principais características dele, talvez por isso o grande fator de crescimento do futebol desde de sua profissionalização.

Nesse sentido, também assevera Domingos Sávio Zainaghi:

> A cláusula penal prevista no art. 28 da Lei Pelé é justamente para que o atleta cumpra a sua obrigação, ou seja, de cumprir o contrato até o final, nos precisos termos do artigo da lei civil supra.[75]

O principal objetivo da cláusula penal é fazer com o que o atleta cumpra seu contrato até o final. Então o atleta, de certa forma, ficaria atrelado ao clube durante anos, para o cumprimento de seu acordo de trabalho, porém ele seria remunerado ao longo de todo esse tempo. Após o término do seu contrato, teria então liberdade para trocar de agremiação ou manter-se na mesma. Ressaltamos que a ideia de sua aplicação é advinda do art. 408 do Código Civil.

Outro aspecto importante foi a criação de um mecanismo que reduzisse o valor da multa proporcionalmente ao cumprimento do contrato, artifício de grande valia para os atletas profissionais.

Vejamos. Para manter um atleta valioso, o clube deve fazer um contrato longo. Dessa forma, o empregado teria garantia salarial por um grande período.

Com a passagem do tempo, o valor da multa por sua rescisão seria gradualmente reduzido, ou seja, haveria a redução do valor prescrito na cláusula. Então, para o clube manter o atleta em seu quadro, teria de renovar-lhe o contrato. Nesse momento, o jogador teria grande vantagem para negociar um aumento salarial.

Outra vantagem para o profissional no momento da sua transferência é que, nos seis meses anteriores ao término do contrato vigente, há a possibilidade de assinatura de um novo contrato de trabalho, o que garante seu emprego antes mesmo do termo de seu compromisso atual.

A nova lei ainda atrela o valor da cláusula penal para transferências nacionais ao valor pago ao jogador a título de salário anual, multiplicado por cem.

Assim, um atleta que recebe R$ 15.000,00 (quinze mil reais) de salário mensal, recebe o valor de R$ 195.000,00 (cento e noventa e cinco mil reais) de salário anual, ou seja, doze meses de salário, mais seu 13º salário, teria uma multa contratual de R$ 19.500.000,00 (dezenove milhões e quinhentos mil reais).

---

(75) ZAINAGHI, Domingos Sávio. Rescisão do contrato de trabalho de atleta de futebol. Unilateralidade da cláusula penal. In: BASTOS, Guilherme Augusto Caputo *el al.* (coord.). *Op. cit.*, p. 91.

Esta multa, pelo mecanismo de redução anual, ao fim do primeiro ano, cairia para R$ 15.600.000,00 (quinze milhões e seiscentos mil reais); no final do segundo ano, para R$ 11.700,00 (onze milhões e setecentos mil reais); no final do terceiro ano, para R$ 7.300,00 (sete milhões e trezentos mil reais); no final do quarto ano de contrato, para R$ 3.900,00 (três milhões e novecentos mil reais).

O cálculo adotado nos parece bem razoável, tanto no critério para fixação da multa quanto do ajuste decrescente de seu valor. Afinal, pelo contrato de cinco anos, este atleta receberá, apenas a título de salário, sem contar outros acréscimos, o valor de R$ 975.000,00 (novecentos e setenta e cinco mil reais), o que é bem razoável se comparado a sua cláusula penal.

Já para transferências internacionais, o referido valor não sofre qualquer limitação, apenas a estabelecida entre as partes, o que pode ser pensado como um abuso. Mas na verdade não é, pois o objetivo da cláusula penal, e da lei brasileira, é justamente privilegiar o desporto nacional. Então, para que um clube estrangeiro retire o talento de nosso país, deverá pagar o que este vale. Afinal, quando um clube negocia um grande atleta para outro país, de certa forma, enfraquece nossos campeonatos, portanto, diminui o potencial esportivo de nossas competições. Isso realmente deve ser indenizado com o maior rigor possível.

Porém, estando o atleta sem contrato de trabalho, ele é livre para laborar onde bem entender, como qualquer outro trabalhador em nosso país. Pode inclusive trabalhar em outro país, sem a obrigação de pagar qualquer valor. Bem diferente dos tempos de Lei do Passe.

5.4. UNILATERALIDADE DA CLÁUSULA PENAL

5.4.1. Definição e fundamentação do conceito

Atualmente, o grande debate jurídico acerca do direito desportivo do trabalho é sobre a unilateralidade ou a bilateralidade da cláusula penal desportiva. Para melhor as entendermos, vamos aos conceitos.

Cláusula penal unilateral: neste caso, apenas o clube faz jus ao recebimento do referido valor.

Cláusula penal bilateral: aqui, tanto o atleta quanto o clube são beneficiados.

Entretanto, para desenvolvermos análise específica sobre o tema, citamos os conceitos de diferentes doutrinadores.

Domingos Sávio Zainaghi, reconhecidamente o grande criador e propulsor da tese da unilateralidade, aduz:

> Sempre nos posicionamos pela unilateralidade da cláusula penal (*Nova legislação desportiva* — aspectos trabalhistas. São Paulo: LTr), pois

entendemos que esta é um substitutivo do passe, ou seja, se havia um pleito dos atletas para se tornarem livres dos clubes após o término do contrato, a cláusula penal seria apenas a forma de os clubes se garantirem quanto ao cumprimento do contrato pelos atletas, ou pelo menos, dificultar a rescisão.[76]

Outra importante voz nesta corrente de pensamento seria Álvaro Melo Filho. Sua definição, proposta no PL n. 5.186/05, o qual modificaria a Lei Pelé, serve para dissipar qualquer dúvida acerca do referido conceito:

> Vale dizer, no TST defrontam-se as teses de seu caráter bilateral (aplicável tanto ao clube, quanto ao atleta) por força da isonomia contratual, e a do caráter unilateral (aplicável apenas aos clubes empregadores, como forma de protegê-los dos investimentos e contra o aliciamento dos concorrentes). Contudo, a primeira tese foi implodida pelo bem fundamentado acórdão da SIDI-I do TST (E-ED-RR n. 552/2002-029-01-00), pondo fim à divergência jurisprudencial existente, publicado em 24.10.08.[77]

Já sobre a defesa do conceito da bilateralidade da cláusula penal desportiva, o Presidente do Sindicato dos Atletas profissionais de São Paulo, Rinaldo Martorelli, afirma o seguinte:

> Não faria sentido entender que nos negócios jurídicos pudesse haver dispositivo legal válido que privilegiasse somente uma das partes da relação. Seria, talvez, criar norma legal para que um negócio de compra e venda imobiliária obrigasse o vendedor a cumprir a entrega da coisa (tradição), mas "deixar à vontade" o comprador em sua obrigação de pagar.[78]

Marcílio Ramos Krieger, outro defensor da corrente da bilateralidade da cláusula penal, trata o tema da seguinte forma:

> [...] parto do princípio de que a cláusula penal tem uma característica híbrida: por nascer do contrato de trabalho, sendo dele um acessório, tem natureza trabalhista; mas, porque se refere especificamente à inexecução de uma obrigação (o contrato de trabalho), tem natureza essencialmente indenizatória. E é exatamente por ter característica indenizatória

---

(76) *Ibidem*, p. 91.
(77) MELO FILHO, Álvaro. Autonomia e especificidade como postulados nucleares da legislação desportiva trabalhista. In: BASTOS, Guilherme Augusto Caputo. *Op. cit.*, p. 63.
(78) MARTORELLI, Rinaldo José. A cláusula penal desportiva sob uma ótica democrática. In: BASTOS, Guilherme Augusto Caputo *et al.* (coord.). *Op. cit.*, p. 290-291.

que a cláusula penal é devida por aquele que deu a causa ao descumprimento ou rescisão unilateral, na dicção do *caput* do art. 28.[79]

Os conceitos acima expostos são os mais explorados pelas duas correntes. Nosso entendimento em relação à cláusula penal desportiva é o da unilateralidade. A base para tal conclusão seria extraída de fundamentação legal, histórica, social e econômica.

Vale salientar que o entendimento do Tribunal Superior do Trabalho – TST vem mudando com o decorrer do tempo. Em um primeiro momento, a jurisprudência afirmava a bilateralidade, mas com a evolução dos julgados voltou-se a entendimento oposto. Veremos, adiante, a fundamentação para tais conclusões.

5.4.2. Fundamentação legal

O art. 28 da Lei n. 9.615/98, ao nosso entendimento, não deixa dúvidas sobre a unilateralidade da cláusula penal.

Tal artigo objetivava criar uma multa para o rompimento unilateral, sendo esta por parte do atleta profissional de futebol.

Para pactuar com o referido conceito, o art. 31 da mesma Lei traz um dispositivo interessante, que não deixa qualquer dúvida sobre o objetivo do legislador:

> **Art. 31.** A entidade de prática desportiva empregadora que estiver com pagamento de salário de atleta profissional em atraso, no todo ou em parte, por período igual ou superior a três meses, terá o contrato de trabalho daquele atleta rescindido, ficando o atleta livre para se transferir para qualquer outra agremiação de mesma modalidade, nacional ou internacional, e exigir a multa rescisória e os haveres devidos.
>
> § 1º São entendidos como salário, para efeitos do previsto no *caput*, o abono de férias, o décimo terceiro salário, as gratificações, os prêmios e demais verbas inclusas no contrato de trabalho.
>
> § 2º A mora contumaz será considerada também pelo não recolhimento do FGTS e das contribuições previdenciárias.
>
> § 3º Sempre que a rescisão se operar pela aplicação do disposto no *caput*, a multa rescisória a favor da parte inocente será conhecida pela aplicação do disposto nos art. 479 da CLT.

Se o clube de futebol estiver em mora contumaz, segundo o disposto no *caput* do artigo, o § 3º é bem claro: o atleta tem direito ao recebimento de valor

---

(79) KRIEGER, Marcílio Ramos. Alguns conceitos para o estudo do direito desportivo. *Revista Brasileira de Direito Desportivo*, Rio de Janeiro, n. 1, p. 44, 2002.

pertinente ao art. 479 da CLT, ou seja, 50% dos vencimentos até o final do contrato na rescisão. O art. 479 da CLT aduz:

> **Art. 479.** Nos contratos que tenham termo estipulado, o empregador que, sem justa causa, despedir o empregado, será obrigado a pagar-lhe, a título de indenização, e por metade, a remuneração a que teria direito até o termo do contrato.
>
> **Parágrafo único**. Para a execução do que dispõe o presente artigo, o cálculo da parte variável ou incerto dos salários será feito de acordo com o prescrito para o cálculo da indenização referente à rescisão dos contratos por prazo indeterminado.

Sergio Pinto Martins comenta tal artigo:

> O art. 479 da CLT assegura ao empregado dispensado sem justa causa, antes do término do contrato por prazo determinado, uma indenização que é calculada pela metade do valor da remuneração que seria devida ao obreiro até a cessação do referido pacto. Seria uma forma de indenizar o empregado pela perda abrupta do posto de trabalho, que estava para terminar em outra época. Não tem a mesma natureza do aviso prévio, pois, nos contratos de prazo determinado, as partes sabem logo no início quando o pacto vai acabar. Assim o empregado tinha direito de receber uma remuneração de $ 100,00 até o término do pacto laboral por prazo determinado, irá receber metade desta remuneração a título de indenização, ou seja, $ 50,00.[80]

Então seria de extrema falta de inteligência do legislador exigir que no art. 28 a cláusula fosse bilateral e, se incorresse em mora, o clube pagaria o disposto no art. 31. A lei estaria contemplando o mau pagador, o mau empregador.

Da mesma forma, se um clube quisesse demitir seu empregado sem pagar o valor da cláusula penal, bastaria deixar de pagar seus salários e ser obrigado a pagar os valores do art. 479 da CLT.

Os defensores da cláusula penal bilateral alegam que um pagamento não exclui o outro, ou seja, o atleta teria direito aos dois recebimentos. A referida tese é um absurdo sobre o ponto de vista moral e isonômico.

Primeiramente porque tornaria o atleta profissional de futebol um trabalhador superprotegido pela lei, ou seja, todos os outros trabalhadores teriam apenas direito a uma rescisão? Sem falarmos no fato de o jogador de futebol, na maioria dos casos envolvendo a cláusula penal, não ser hipossuficiente, razão pela qual tornaria este trabalhador ainda mais favorecido.

Inclusive alega-se que a maioria dos atletas do nosso país tem salários baixos, é hipossuficiente. Esta assertiva é verdadeira. Porém, seus clubes também são pobres

---

(80) MARTINS, Sergio Pinto. *Comentários à CLT*. 11. ed. São Paulo: Atlas, 2007. p. 492.

e firmam contratos de pequena monta, por períodos curtos, ou seja, esse atleta, muitas vezes, não fica seis meses atrelado ao clube. Por essa razão, poderia a qualquer momento assinar um pré-contrato com outro clube. E mesmo que os clubes façam contratos mais longos, com base no cálculo do art. 28, a multa seria relativamente baixa, o que permitiria a qualquer agremiação maior pagá-la.

O que nos parece é que os defensores dessa tese, sob o argumento de proteger o atleta menos afortunado, na verdade protegem os atletas com maior poder aquisitivo.

Imagine a situação descrita abaixo.

Um atleta está no nono mês de contrato e, por um motivo qualquer, sua permanência no clube torna-se insustentável. Este recebe vencimentos de R$ 100.000,00 (cem mil reais) — valor pago a atletas de alto nível, que não precisam de tratamento excepcional. Ele teria direito, por esta conta, a receber o valor de R$ 132.800.000,00 (cento e trinta e dois milhões e oitocentos mil reais), em vez de receber, conforme determina o dispositivo em estudo, o valor de R$ 2.800.000,00 (dois milhões e oitocentos mil reais) — o que já nos parece bem razoável.

No primeiro caso, além da falência do clube de futebol, por maior que ele fosse, ocorreria, no mínimo, um enriquecimento sem causa.

Vale salientar que, na grande parte dos casos em que as multas e os salários são altos, o clube já empenhou soma vultosa — seja com cláusula penal ou mesmo luvas — para contratar tal atleta. E o atleta que recebeu tais valores pagou algo para garantir a cláusula? Obviamente não.

Ademais, cumpre ressaltar que o passe era um instituto, acima de tudo, injusto. Conceder ao jogador de futebol os dois recebimentos tornaria a relação desvantajosa para o clube. Então, continuaríamos a ter uma legislação míope, que não respeitaria o pêndulo tão exigido por nossa justiça.

5.4.3. Aspectos histórico, social e econômico

Quando tratamos de futebol, não devemos pensar na relação clube-atleta como uma relação laboral comum. Esse esporte, como já foi colocado, é o principal do planeta, e obviamente, o que o move e o torna tão apaixonante são os fãs.

Muitos torcedores gastam mais do que deveriam para sustentar essa paixão, numa posição de consumidor para com seu clube e, por consequência, com os jogadores. Nesta linha, o torcedor assume uma posição hipossuficiente.

Então, quando foi instituído o passe em nosso país, havia por objetivo básico assegurar que o Brasil deixasse de perder talentos para outros países. Os clubes teriam de remunerar as transferências de atletas, de modo que as indenizações fossem suficientes para se investir em novas promessas que substituíssem os ídolos da torcida.

Entretanto, ao longo dos anos, os clubes passaram a investir pesadamente em suas categorias de base, com o claro objetivo de revelar talentos para seu time profissional, garantindo não só times fortes para grandes conquistas, mas também fartas receitas para continuar custeando as equipes.

Assim, a relação laboral no futebol não pode ser considerada como outra qualquer. Se pensarmos dessa maneira, destruímos toda a essência que envolve o esporte há mais de um século.

Analisemos então os aspectos propriamente ditos.

Aspecto histórico: O passe, como já amplamente comentado, nasceu para impedir o êxodo de jogadores para o exterior sem que seus formadores, ou detentores de seu passe, recebessem algo com sua saída.

Então o passe, embora da maneira inadequada, cumpria essa função. Esta é, aliás, a única benesse prática do instituto.

Domingos Sávio Zainaghi afirma sobre tal conceito:

> O desenvolvimento da gênese legislativa deixa claro que ocorreu uma troca do sistema do passe pelo sistema da cláusula penal. Se, por um lado, os atletas conseguiram sua liberdade, ao menos no final do contrato, os clubes se resguardam quanto à possibilidade de um atleta rescindir o contrato de trabalho ainda na vigência do mesmo, muitas vezes seduzido por propostas financeiras de outros clubes, principalmente no exterior.[81]

Quando a cláusula penal foi criada, tinha por objetivo substituir o passe, ou seja, não se tem como desvincular os aspectos históricos do passe dos da cláusula penal.

A cláusula penal pode ser considerada um aperfeiçoamento do passe, ou seja, tem por função básica e essencial fazer com que os atletas cumpram seus contratos ou remunerem seus clubes, contudo, sem os efeitos colaterais do passe. É, então, um instrumento melhorado e mais adequado.

Rinaldo Martorelli é contrário a tal tese e aduz:

> Esse argumento não necessita de maiores análises. É natimorto porque se sucede um instrumento extremamente inconstitucional é da mesma forma inconstitucional, só que um incremento de inconstitucionalidade:

---

[81] ZAINAGHI, Domingos Sávio. Rescisão do contrato de trabalho de atleta de futebol. Unilateralidade da cláusula penal. In: BASTOS, Guilherme Augusto Caputo *el al.* (coord.). *Op. cit.*, p. 90-91.

a lei que previa o passe era da época da ditadura e a lei que prevê a cláusula penal nasce sob os auspícios da democracia.[82]

Esta tese não poderá prosperar, pois ela apresenta algumas falhas.

Discutir a inconstitucionalidade do passe é redundante depois de tudo o que já foi trabalhado nesta obra. Quanto à cláusula penal, ela só foi adotada no país por influência internacional. Os países que utilizavam o passe tinham constituições bem democráticas (Itália, Inglaterra, Espanha, França, entre outros), logo, embora fosse um instrumento inconstitucional, vigorava em países com constituições bem modernas.

Nossa legislação, que já vinha evoluindo, porém a passos pequenos, com o "Caso Bosman" e seus efeitos, deu um salto e adotou o novo instituto, a exemplo de todos os outros países citados, sendo então totalmente justificada sua origem histórica.

Ademais, a cláusula penal garante aos atletas a maior de suas reivindicações da época do passe, que era a liberdade de atuar onde quisessem após o fim de seus contratos.

A verdade é apenas uma: o passe era um instituto inconstitucional e suas falhas foram sanadas com um instituto melhorado, a cláusula penal desportiva.

Aspecto social: Os clubes de futebol de nosso país mantêm categorias de base, nas quais os garotos muitas vezes se iniciam aos nove anos, ou até menos, seguindo até os vinte anos.

A função social exercida pelos clubes é de suma importância, pois a atuação dos jovens atletas nestes clubes depende da sua frequência na escola. Assim, as categorias de base funcionam, em sua essência, como esporte-educação. É evidente a importância desse trabalho para a formação de cidadãos preparados ao convívio social. O fim de tais projetos, além de representar um desastre sob o ponto de vista do desenvolvimento do esporte em nosso país, ocasionaria uma lamentável perda para a inclusão social advinda do esporte, mais precisamente, do esporte mais importante de nosso país. E a cláusula penal é a garantia jurídica de retorno dos investimentos no setor.

Aspecto financeiro: Como já colocado, os clubes de futebol têm custos elevados para manter as categorias de base. Se a cláusula não existisse, ou fosse considerada bila-teral, prejuízos irreparáveis poderiam ser ocasionados.

Já mostramos que a cláusula penal, somada aos valores do art. 479 da CLT, poderiam gerar um problema irreparável, retirando dos clubes valores suficientes para custear categorias durante anos.

---

[82] MARTORELLI, Rinaldo José. A cláusula penal desportiva sob uma ótica democrática. In: BASTOS, Guilherme Augusto Caputo. *Op. cit.*, p. 289.

Então, estes clubes, com receio, começam a limitar os valores dos contratos, portanto de cláusula, tornado-se financeiramente incompetentes. Se o clube não obtiver números satisfatórios no que tange a resultados, dentro de campo, e financeiros, fora dele, que justifiquem as categorias de base, não haverá por que as manter.

Hoje é cediço para a Justiça do Trabalho e por todos órgãos do Poder Executivo de nosso país, em todas as suas esferas, que não adianta levar todas as empresas do país à falência, pois não haveria mais empregos para as pessoas. Afinal, estas cumprem com função social. E os clubes também cumprem.

A cláusula penal bilateral é um instrumento irresponsável, que não poderá prosperar, uma vez que levaria nosso esporte a uma ruína absoluta. Nossos tribunais inicialmente tinham entendimento pela bilateralidade. Com o avanço de nossa justiça, agora entendem de forma conjunta e dominante pela unilateralidade da cláusula penal.

Capítulo 6

ENTENDIMENTO JURISPRUDENCIAL

6.1. No início do instituto

Quando foi realmente abolido o instituto do passe e teve início a aplicação efetiva da cláusula penal desportiva, houve uma enorme revolução no que tange à aplicação da lei nos novos contratos de atletas profissionais.

A nosso ver, em um primeiro momento, nossos tribunais, usando como base o alcance da cláusula penal sob um aspecto mais civilista, entenderam que tal instrumento teria alcance bilateral, pois via apenas a garantia de obrigatoriedade do cumprimento do contrato.

Abaixo temos decisões neste sentido, tomadas por nosso Tribunal Superior do Trabalho:

ATLETA PROFISSIONAL DE FUTEBOL — LEI PELÉ (ART. 28 DA LEI N. 9.615/98) — RESCISÃO CONTRATUAL CLÁUSULA PENAL — RESPONSABILIDADE. Pelo art. 28 da Lei n. 9.615/98 (Lei Pelé), o contrato de trabalho do atleta profissional de futebol deve conter obrigatoriamente cláusula penal pela rescisão unilateral do contrato, do que se infere ser o sujeito passivo da multa rescisória quem deu azo à rescisão, e beneficiário aquele que com ela sofreu prejuízo. *In casu*, restou assentada a iniciativa do Reclamado na ruptura contratual, o que atrai sobre ele, portanto, a responsabilidade pelo pagamento da multa rescisória preconizada na cláusula penal firmada no contrato celebrado entre as Partes. (Tribunal Superior do Trabalho — Quarta

Turma — Recurso de Revista — 592/2004-401-04-00 — Rel. Ministro Ives Gandra Martins Filho — j. 23.5.07 — *u.v.*)

RECURSO DE REVISTA — ATLETA PROFISSIONAL DE FUTEBOL — TÉRMINO ANTECIPADO DO CONTRATO DE TRABALHO — CLÁUSULA PENAL. Da exegese do art. 28 da Lei n. 9.615/98, constata-se que a antecipação, pelo empregador, do termo final do contrato de trabalho de atleta profissional acarreta o pagamento da cláusula penal, conforme firmado no contrato de trabalho. Entender que a referida cláusula tem como único obrigado o atleta que rompe, antecipadamente, o contrato de trabalho contrasta com o direito e fere o sinalagma, na medida em que pretende impor ao atleta encargo desproporcional ao exigido da entidade desportiva. (Tribunal Superior do Trabalho — Sexta Turma — Recurso de Revista — 1112/2006-005-06-00 — Rel. Ministro Aloysio Correa da Veiga — 26.9.07 — *u.v.*)

Também nossos tribunais regionais tinham este entendimento:

CLÁUSULA PENAL — ATLETA PROFISSIONAL — LEI PELÉ. A Lei n. 9.615/98 obriga a inclusão de cláusula penal em todos os contratos de trabalho firmados com atletas profissionais de futebol, tendo-se como equivocado o entendimento segundo o qual essa cláusula somente é devida pelo atleta que rescinde o contrato de trabalho antes do prazo determinado, visto que a exegese do art. 28 da Lei Pelé leva à conclusão de que é de aplicação bilateral, sendo devida no caso dos autos, em que o reclamado tomou a iniciativa de romper prematuramente o contrato de trabalho do reclamante. Recurso provido. (Tribunal Regional do Trabalho 4º Região — Oitava Turma — Recurso Ordinário — 01084-2006-201-04-00-3 — Rel. Marçal Henry S. Figueiredo — 27.6.07 — *u.v.*)

Estes acórdãos fazem referência, inclusive, à falta de tratamento igualitário, em encargo desproporcional. Entretanto, devemos ter entendimento mais amplo sobre tal instituto para perceber seu real alcance.

Principalmente no futebol internacional, leia-se futebol europeu, os valores investidos são de enorme monta. Como justificar a alguém um investimento de valor exorbitante, sem uma garantia?

Aos países da América do Sul, principalmente o Brasil — reconhecidamente os grandes exportadores de atletas — estes investimentos são um grande negócio, pois garantem a continuidade das categorias de base e a saúde financeira dos clubes.

Então, analisar a cláusula penal apenas sob a ótica civilista não contempla o exigido pelo direito desportivo internacional quando da criação do instituto, não lhe respeita o aspecto histórico, portanto, o objetivo deste substituto do passe. Afinal, da maneira como foi desenvolvido, suprimiu todas as inconstitucionalidades do passe, tornando-se assim um instituto mais completo e mais bem elaborado. A visão civilista acaba, principalmente, prejudicando o aspecto social do instituto, ou seja, não contempla o seu real objetivo, que seria salvaguardar os investimentos efetuados pelos clubes em atletas de grande valor e, principalmente, em suas categorias de base.

6.2. Evolução do entendimento

Com o passar dos tempos, com uma discussão acadêmica mais ampla e elaborada, chegou-se à conclusão do real alcance da cláusula penal.

Ao explicarmos a fundamentação jurídica da cláusula penal desde seu desenvolvimento, entendemos que o objetivo da sua criação era garantir o pagamento de determinada dívida, ou até mesmo a garantia de contraprestação sob pena de punição.

Quando foi extraído o instituto da cláusula penal de nosso direito civil, o legislador tinha por objetivo garantir o cumprimento dos contratos por parte dos atletas, desta forma respeitando a essência da cláusula penal.

A seguir, analisaremos a mudança de pensamento de nosso Tribunal Superior do Trabalho:

RECURSO DE REVISTA — JOGADOR DE FUTEBOL — LEI PELÉ — CLÁUSULA PENAL — RESCISÃO CONTRATUAL POR INICIATIVA DO CLUBE — PAGAMENTO INDEVIDO NÃO PROVIMENTO. 1. A cláusula penal prevista pelo art. 28 da Lei n. 9.615/98 (Lei Pelé) tem sua aplicabilidade restrita às hipóteses em que o rompimento antecipado do contrato de trabalho dá-se por iniciativa do atleta. Tal é a interpretação sistemática da norma, notadamente em vista do quanto disposto no § 3º do art. 31 do mesmo diploma legal. Tal é, ademais, sua interpretação teológica. 2. Pondere-se que a referida cláusula foi introduzida no Direito Desportivo como sucedâneo do direito ao passe, que tinha por principal beneficiário o clube a que vinculado o atleta. Se, por um lado, a chamada Lei Pelé permitiu ao atleta libertar-se de seu clube quando do término de seu contrato de trabalho, garantiu ao clube, em contrapartida, direito a espécie de indenização caso o atleta opte por deixá-lo anteriormente à data aprazada. Ao atleta, caso a iniciativa da rescisão antecipada seja de seu clube, reservou o direito à indenização prevista pelo art. 479 da CLT, equivalente à metade da remuneração a que faria jus até o termo do contrato. Libertou-se, assim, o atleta, assegurando-se a ambos os sujeitos da relação empregatícia direito a ver compensados os prejuízos decorrentes dessa rescisão antecipada. 3. Recurso de revista de que se conhece e a que se nega provimento. (RR n. TST-RR-1077/2004-054-02-00.0 — 7ª Turma — Relator Min. Guilherme Augusto Caputo Bastos — DO 14.11.07)

CLÁUSULA PENAL — ATLETA PROFISSIONAL. I — Não se visualiza ofensa direta e literal ao art. 28 da Lei n. 9.615/98 (Lei Pelé), pois embora o referido dispositivo estabeleça a obrigatoriedade de o contrato de trabalho do atleta profissional de futebol conter cláusula penal pela rescisão unilateral do contrato, não traz em seu texto a análise das circunstâncias especialíssimas da hipótese *sub judice*, qual seja o sujeito passivo da cláusula. Assim, não viola a literalidade do art. 28 da Lei Pelé a exegese dada pelo acórdão recorrido, a teor da Súmula n. 221, II, do TST. II — Os arestos colacionados revelam-se inservíveis, nos termos do art. 896, *a*, da CLT e da Súmula n. 296 do TST. III — Recurso não conhecido. (Processo: RR — 175800-77.2003.5.04.0203 — Data de Julgamento: 21.6.06 — Relator Ministro: Antônio José de Barros Levenhagen — 4ª Turma — Data de Publicação: DJ 18.8.06)

RECURSO DE REVISTA — ATLETA PROFISSIONAL DE FUTEBOL — FGTS — MORA — INAPLICABILIDADE DA CLÁUSULA PENAL — INCIDÊNCIA DO ART. 479 DA CLT — LEI PELÉ — TÉRMINO ANTECIPADO DO CONTRATO DE TRABALHO — RELAÇÃO JURÍDICA — INTERPRETAÇÃO SISTÊMICA DA NORMA — RESCISÃO INDIRETA. Da exegese do art. 31 da Lei n. 9.615/98, constata-se que é esse o dispositivo da Lei Pelé que trata acerca da multa a ser aplicada quando houver pagamento atrasado do salário do atleta profissional ou mora contumaz no recolhimento do FGTS. A interpretação sistemática da norma, em face da conjugação com a regra inserida nos parágrafos subsequentes, evidencia tratar literalmente da questão sub exame, quando também há mora contumaz no recolhimento do FGTS, pois torna claro que sempre que a rescisão se operar pela aplicação do disposto no *caput* deste artigo, a multa rescisória a favor do atleta será conhecida pela aplicação do disposto no art. 479 da CLT. A regra contida no art. 28 da Lei n. 9.615/98 estipula cláusula penal para a rescisão contratual antecipada do contrato de trabalho, não equivalendo a rescisão antecipada o caso em que o jogador, em face da mora contumaz no recolhimento dos depósitos do FGTS pede a rescisão indireta do contrato de trabalho. Outra interpretação não merece a norma legal, na medida em que não há como se depreender que o Clube tenha procedido à antecipação do fim da relação contratual, indenizando o jogador, quando no caso se trata de descumprimento do contrato de trabalho, em que há previsão legal específica de multa a ser aplicada e quando há contrato chancelado pela Confederação Brasileira de Futebol dirigindo a cláusula penal ao Atleta. Recurso de revista conhecido e desprovido. (Processo: RR n. 4085/2002-662-09-00.1 — Data de Julgamento: 5.11.08 — Relator Ministro: Aloysio Corrêa da Veiga — 6ª Turma — Data de Publicação: DJ 14.11.2008)

RECURSO DE EMBARGOS DO RECLAMADO — CLÁUSULA PENAL — ART. 28 DA LEI N. 9.615/98 (LEI PELÉ) — OBRIGAÇÃO IMPOSTA APENAS AO ATLETA PROFISSIONAL QUE ROMPE O CONTRATO DE TRABALHO ANTECIPADAMENTE. A *mens legis* do novo regramento legal, instituído pela Lei Pelé, visou solucionar os inúmeros problemas jurídicos causados pelo antigo instituto do passe que, a par de garantir os altos investimentos efetuados pelas agremiações desportivas, acabava por vincular o atleta ao titular do passe, independentemente da existência, ou não, de contrato de trabalho em curso. O direito ao passe conflitava com o livre exercício da profissão, na medida em que estava desvinculado do contrato de trabalho, de modo que o prestador dos serviços, o atleta profissional, somente poderia transferir-se para outra agremiação esportiva mediante a negociação do seu passe, independentemente da vigência, ou não, do contrato de trabalho. O *caput* do art. 28 da Lei n. 9.615/98, ao estabelecer a cláusula penal para os casos de descumprimento, rompimento ou rescisão contratual, dirige-se somente ao atleta profissional, pois sua finalidade é resguardar a entidade desportiva em caso de ruptura antecipada do contrato de trabalho, em decorrência dos elevados investimentos que são efetuados para a prática dos esportes profissionais competitivos. Tal penalidade não se confunde com as hipóteses de rescisão indireta ou voluntária e antecipada do contrato de trabalho por parte do empregador, cuja indenização devida ao empregado, atleta de qualquer modalidade desportiva, é aquela estabelecida no § 3º do art. 31 da Lei n. 9.615/98. Tal entendimento é confirmado pela gradação regressiva da cláusula penal, na forma prevista no § 4º do art. 28 desse diploma legal, em que a cada ano do contrato de trabalho cumprido pelo atleta profissional vai se amortizando o investimento efetuado pela entidade desportiva, de modo que, ao final do prazo máximo de sua vigência, que é de cinco anos, o vínculo desportivo do atleta, acessório do contrato de trabalho, dissolve-se, nos exatos termos do inciso I do § 2º do art. 28 da Lei Pelé. Essa é a teleologia não apenas da cláusula penal, mas da própria Lei Pelé, cujas disposições procuram equilibrar as obrigações e os direitos das partes envolvidas e estimular os investimentos necessários ao constante desenvolvimento das práticas desportivas, tão caras ao país. Recurso de embargos conhecido e provido. (Processo: ED-RR n. 55200-82.2002.5.01.0029 — Data de Julgamento: 20.10.08 — Redator Ministro Luiz Philippe Vieira de Mello Filho — Subseção I Especializada em Dissídios Individuais — Data de Divulgação: DEJT 24.10.08)

E não só nossos tribunais superiores tiveram tal evolução no sentido do entendimento bilateral:

CLÁUSULA PENAL — ART. 28 DA LEI N. 9.615/98. A cláusula penal prevista no contrato juntado aos autos se limita a previsão de cláusula penal se o atleta for negociado com outro clube, no caso em exame não há cláusula alguma que tenha estabelecido a cláusula penal pretendida pelo reclamante em caso de rescisão antecipada do contrato." (Recurso do reclamante negado. (Tribunal Regional do Trabalho 4º Região — Terceira Turma — Recurso Ordinário n. 02434-2007-721-04-00-5 — Rel. Ricardo Carvalho Fraga — j.14.4.09 — *u.v.*)

CLÁUSULA PENAL — JOGADOR DE FUTEBOL. A cláusula penal inserida no contrato do jogador de futebol visa proteger o clube para a hipótese de rompimento unilateral por parte do atleta profissional, pois, não teria sentido lógico algum, no caso, o clube demandado estar em débito salarial, ter rescindido o contrato e ter que suportar cláusula penal que não tem como cumprir, em valor imensamente superior ao salário contratado, R$ 100.000,00, quando o salário reconhecido foi de R$ 600,00 por mês e o contrato tinha duração prevista de cinco meses. Recurso não provido. (Tribunal Regional do Trabalho 4ª Região — Sexta Turma — Recurso Ordinário n. 01264-2005-027-04-00-0 — Rel. Marçal Henri S. Figueiredo — j. 27.6.07 — *u.v.*)

DA CLÁUSULA PENAL. Somente é devida a cláusula penal prevista no art. 28 da Lei n. 9.615/98 ao empregador quando o atleta rescinde unilateralmente, sem justa causa, o contrato a termo antes do seu final. Recurso não provido. (Tribunal Regional do Trabalho 4ª Região — Segunda Turma — Recurso Ordinário — 00049-2006-019-04-00-9 — Rel. Carmen Gonzalez — j. 30.5.07 — *u.v.*)

"...sustentando que embora a r. sentença tenha reconhecido que a reclamada deu justa causa à rescisão contratual por descumprir suas obrigações, negou provimento ao pedido de pagamento da cláusula penal fixada no contrato e na lei, sob o fundamento de ser unilateral, devida somente nas situações onde o atleta dá causa à rescisão; que o contrato contém cláusula extra fixando multa rescisória, conforme disposto no art. 28, da Lei n. 9.615/98; que a reciprocidade jurídica prevê que ao direito de um corresponde obrigação para o outro. Pugnou pela reforma condenando a recorrida ao pagamento da cláusula penal, da multa prevista no art. 479, da CLT e multa de 40% sobre o FGTS." (Tribunal Regional do Trabalho 2ª Região — Décima Turma — Recurso Ordinário n. 20060246701 — Rel. Sônia Aparecida Gindro — j. 18.4.06 — u.v.)

TRT-PR-17-03-2006 — CLÁUSULA PENAL-LEI N. 9.615/98 — LEI PELÉ — RESCISÃO UNILATERAL. A cláusula penal de que trata o art. 28 da Lei n. 9.615/98 é aplicável apenas ao atleta profissional, quando do rompimento unilateral do seu contrato, por sua iniciativa. Em sendo o rompimento de iniciativa do clube, é o caso de aplicação da multa rescisória do art. 31 da mesma norma legal, em favor do atleta. Recurso conhecido e desprovido neste ponto. (TRT-PR n. 00958-2004-654-09-00-4-ACO-07646-2006 — Relator Ana Maria das Graças Veloso — Publicado no DJPR 17.3.06)

RECURSO DE EMBARGOS INTERPOSTO NA VIGÊNCIA DA LEI N. 11.496/07 — ATLETA PROFISSIONAL — CLÁUSULA PENAL — LEI N. 9.615/98 — LEI PELÉ — RESPONSABILIDADE PELA SUA SATISFAÇÃO — OBRIGAÇÃO DIRIGIDA APENAS AO ATLETA — NÃO PROVIMENTO. Responderá apenas o atleta profissional, e não a entidade desportiva, pela obrigação inserta no art. 28 da Lei n. 9.615/98 — a chamada Lei Pelé — referente à cláusula penal, naqueles casos em que rompido o contrato de trabalho por sua iniciativa. No caso de ser o clube o motivador do rompimento contratual, não haveria que se falar em pagamento de cláusula penal, sendo garantidos ao atleta, nestes casos, os direitos previstos na legislação comum trabalhista, segundo disposição do § 1º daquele permissivo legal, notadamente a multa rescisória prevista no art. 479 da CLT, conforme disciplina do art. 31 da Lei Pelé. Embargos conhecidos e desprovidos. (Processo: E-RR n. 1077/2004-054-02-00.0 — Data de Julgamento: 30.10.08 — Relatora Ministra Maria Cristina Irigoyen Peduzzi — Subseção I Especializada em Dissídios Individuais — Data de Publicação: DJ 14.11.08)

EMENTA: ATLETA PROFISSIONAL — CLÁUSULA PENAL — MULTA RESCISÓRIA. Se o Clube rescindir o contrato a prazo certo, o atleta terá direito às indenizações previstas na CLT para as causas de rescisão antecipada de contrato por prazo determinado, ou seja, a entidade empregadora terá de indenizar o atleta na forma do previsto no art. 479 da CLT. Trata-se de multa rescisória. Em contrapartida, a cláusula penal desportiva (art. 28 da Lei n. 9.615/98) é uma regra de proteção aos clubes, cuja finalidade é compensar o fim do passe, sendo inaplicável quando o rompimento se dá por iniciativa do empregador, eis que devida apenas pelo empregado em face da entidade desportiva, pelo rompimento unilateral do contrato por vontade do atleta. Contudo, extinto o contrato de trabalho, por prazo determinado, celebrado com o Clube, na data prevista para seu término, não cabe, nesta hipótese, qualquer multa prevista em lei. (RO n. 01474-2005-036-03-00-5 — Relator Desembargador Márcio Ribeiro do Valle — 8ª Turma — Data de Publicação: DJMG 21.10.06)

Ao analisamos as decisões acima, chegamos às seguintes conclusões.

Primeiramente que, de forma acertada, o objetivo do legislador, ao criar a cláusula, era justamente substituir o passe. Por que, então, cita expressamente, no mesmo artigo, que finaliza um a criação do outro? Se entendesse que o outro deveria ser totalmente descartado, por que então não deixou isso claro na lei? Negar que a cláusula penal desportiva não é um aperfeiçoamento do passe é como negar a essência da evolução do próprio direito. Pois, quando criamos uma nova lei, um novo código ou até mesmo uma nova constituição, descartamos totalmente a anterior? Lógico que não, apenas aperfeiçoamos as deficiências das anteriores sobre todos os seus aspectos, e aproveitamos o que nos serve. O passe tem sua utilidade que é justamente garantir a saúde financeira e a sobrevivência de nosso desporto.

Alegar também que o passe tem ligação com o regime ditatorial é de total irresponsabilidade, pois o mesmo foi legalizado em 1964, durante o governo democrático do Presidente João Goulart, que reconhecidamente era um socialista. E os países democráticos da Europa também dispunham do instituto do passe.

O jogador de futebol, como qualquer outro trabalhador, tem a proteção expressa do art. 479 da CLT. Então é totalmente descabido alegar que ele está desamparado segundo os acórdãos supracitados.

E, por fim, assegurando o aspecto econômico do passe, nossos tribunais também garantem o real sentido social do futebol: garantir a diversão de toda uma nação, assegurando a esperança dos excluídos que participam da sociedade por meio do futebol. E não enriquecer alguns poucos usando como desculpa a hipossuficiência. Não há hipossuficiente que ganhe indenizações de milhões, e sim tentativas de enriquecimento sem causa.

A tese que implodiu qualquer entendimento contrário ao da unilateralidade do passe segue adiante.

RECURSO DE EMBARGOS DO RECLAMADO — CLÁUSULA PENAL — ART. 28 DA LEI N. 9.615/98 (LEI PELÉ) — OBRIGAÇÃO IMPOSTA APENAS AO ATLETA PROFISSIONAL QUE ROMPE O CONTRATO DE TRABALHO ANTECIPADAMENTE. A *mens legis* do novo regramento legal, instituído pela Lei Pelé, visou solucionar os inúmeros problemas jurídicos causados pelo antigo instituto do passe que, a par de garantir os altos investimentos efetuados pelas agremiações desportivas, acabava por vincular o atleta ao titular do passe, independentemente da existência, ou não, de contrato de trabalho em curso. O direito ao passe conflitava com o livre exercício da profissão, na medida em que estava desvinculado do contrato de trabalho, de modo que o prestador dos serviços, o atleta profissional, somente poderia transferir-se para outra agremiação esportiva mediante a negociação do seu passe, independentemente da vigência, ou não, do contrato de trabalho. O *caput* do art. 28 da Lei n. 9.615/98, ao estabelecer a cláusula penal para os casos de descumprimento, rompimento ou rescisão contratual, dirige-se somente ao atleta profissional, pois sua finalidade é resguardar a entidade desportiva em caso de ruptura antecipada do contrato de trabalho, em decorrência dos elevados investimentos que são efetuados para a prática dos esportes profissionais competitivos. Tal penalidade não se confunde com as hipóteses de rescisão indireta ou voluntária e antecipada do contrato de trabalho por parte do empregador, cuja indenização devida ao empregado, atleta de qualquer modalidade desportiva, é aquela estabelecida no § 3º do art. 31 da Lei n. 9.615/98. Tal entendimento é confirmado pela gradação regressiva da cláusula penal, na forma prevista no § 4º do art. 28 desse diploma legal, em que a cada ano do contrato de trabalho cumprido pelo atleta profissional vai se amortizando o investimento efetuado pela entidade desportiva, de modo que, ao final do prazo máximo de sua vigência, que é de cinco anos, o vínculo desportivo do atleta, acessório do contrato de trabalho, dissolve-se, nos exatos termos do inciso I do § 2º do art. 28 da Lei Pelé. Essa é a teleologia não apenas da cláusula penal, mas da própria Lei Pelé, cujas disposições procuram equilibrar as obrigações e os direitos das partes envolvidas e estimular os investimentos necessários ao constante desenvolvimento das práticas desportivas, tão caras ao país. (Embargos em Embargos de Declaração em Recurso de Revista n. TST-E-ED-RR n. 552/2002-029-01-00.4 — 20.11.08 — Ministro Vieira de Mello Filho)

Então, após análise precisa, desenvolvida por esta decisão, não resta qualquer dúvida jurisprudencial ou doutrinária sobre a unilateralidade da cláusula penal.

Afinal, a unilateralidade do instituto traz justiça econômica ao contrato e não desampara o atleta profissional de futebol, pois, como qualquer outro trabalhador de nosso país, está devidamente amparado pelo art. 479 da nossa Consolidação das Leis do Trabalho.

Afinal, não poderemos, de forma alguma, permitir outra desigualdade nesta relação, pois a justiça é a alma do desporto, seja ela nos campos ou nos tribunais.

CONCLUSÃO

Após toda a exposição pertinente ao passe, seu desenvolvimento histórico, seus aspectos técnicos sob o ponto de vista jurídico, desenvolvemos algumas conclusões.

Primeiramente, cumpre ressaltar que, no momento de sua criação, o passe tinha por finalidade garantir aos clubes e, por consequência, a seus torcedores, garantias de não perder o que investiam para manter suas agremiações. Então, tinha por objetivo garantir o patrimônio das instituições esportivas.

Entretanto, reconhecidamente, o mecanismo usado e, principalmente, a forma como foi usado e por quem foi usado geraram situações que afrontavam visceralmente os princípios fundamentais do atleta profissional de futebol, com ênfase especial ao princípio da dignidade da pessoa humana.

Proibir o atleta de trabalhar, após o fim de seu contrato de trabalho, sendo que este não receberia nenhum valor no período em que ficasse no ostracismo, fere diversos princípios fundamentais, dentre os quais a liberdade, o trabalho, além de obviamente gerar um enorme problema social, uma vez que a família também era dependente deste atleta e, por consequência, também estaria desamparada.

Após uma luta histórica da categoria com seus empregadores, praticamente dez anos depois da promulgação da Constituição Cidadã de 1988, o passe foi extinto, ou melhor, foi fixado prazo para sua extinção, que seria 24 de março de 2001.

Salientamos a importância histórica que o famoso e polêmico "Caso Bosman" gerou. Afinal, o passe teve sua origem histórica no Continente Europeu, reconhecidamente grande mercado de clubes de futebol de todo o mundo. Então, para ruir este instituto, teria de começar por este continente. A corte europeia foi de enorme importância para o fim do passe. Concluímos, inclusive, que demoraria mais tempo para que este acabasse se não fosse esta corte.

Esta foi, reconhecidamente, a maior e mais importante vitória dos atletas profissionais de futebol em relação aos clubes no campo do Direito do Trabalho em todo o mundo.

A partir deste momento, nasce um novo instituto, conhecido como a cláusula penal desportiva.

A cláusula penal nasce como substituta do passe; foi o meio encontrado pela FIFA para assegurar as garantias contratuais na relação clube-atleta, resguardando o investimento dos clubes.

Este instituto, diferentemente do passe, assegura todas as garantias constitucionais e fundamentais exigidas pelos atletas. Após o fim do contrato, o atleta pode se dirigir para onde bem entender, tendo garantido o pagamento de salário pelo período em que estiver vinculado ao seu empregador. Assegura-se, principalmente, a sua liberdade laboral. Afinal, para um clube conservar um atleta importante, precisará efetuar um contrato longo, com um bom vencimento.

Porém, este novo instituto gerou uma enorme controvérsia jurídica: se é unilateral ou bilateral.

Após a exposição deste trabalho, não nos resta qualquer dúvida sobre o assunto. Primeiramente, ressaltamos que os tribunais que, em um primeiro momento, viam tal instituto como bilateral, hoje já começaram a enxergar a sua real essência e julgam-no como unilateral.

O julgado de 20 de outubro de 2008, pela SDI do TST, fundamenta de forma mais que objetiva os aspectos que justificam a unilateralidade do instituto.

Afinal, a cláusula penal é reconhecidamente um mecanismo substitutivo do passe. Assegura aos atletas todas as suas garantias constitucionais e seus direitos fundamentais. Em contrapartida, garante aos clubes assegurar os altos investimentos.

Cumular o art. 479 da CLT com a cláusula penal, além de imoral sobre o aspecto contratual, cria algo desequilibrado na relação clube-atleta, a exemplo do que ocorria nos tempos do passe. O pêndulo da balança volta a ficar desigual.

Essa situação cria a superindenização e gera um enriquecimento sem causa do atleta profissional. Afinal, o atleta profissional de futebol, como todos os outros trabalhadores de nosso país, por seu contrato ser de prazo determinado, deverá receber apenas o previsto no art. 479 da CLT, sob pena de incorrer em falta de tratamento isonômico em relação aos outros trabalhadores.

Em suma, a cláusula penal desportiva unilateral é o instituto mais justo vigente na relação contratual trabalhista de nosso Direito Desportivo.

REFERÊNCIAS BIBLIOGRÁFICAS

ABNT. *NRB 10520* — informação e documentação; citações em documentos — apresentação. Rio de Janeiro: Associação Brasileira de Normas Técnicas, 2002.

_____ . *NBR 6023* — informação e documentação: referências — elaboração. Rio de Janeiro, 2002.

BARROS, Cássio Mesquita *et al* (coord.). *Anais do 17º Congresso Ibero-Americano de Direito do Trabalho e Seguridade Social.* Curitiba: DT, 2008.

BASTOS, Celso Ribeiro; MARTINS, Ives Gandra da Silva. *Comentários à Constituição do Brasil.* São Paulo: Saraiva, 1989. v. 2.

BASTOS, Guilherme Augusto Caputo *et al.* (coord.). *II Encontro Nacional sobre Legislação Esportivo-Trabalhista.* Brasília: Siriema, 2009.

BAUMAN, Zygmunt. *Modernidade líquida.* Tradução de Plinio Dentzien. Rio de Janeiro: Jorge Zahar, 2001.

BITTAR, Eduardo Carlos Bianca. *O direito na pós-modernidade.* 2. ed. São Paulo: Forense Universitária, 2008.

_____ ; ALMEIDA, Guilherme Assis de. *Curso de filosofia do direito.* 6. ed. São Paulo: Atlas, 2008.

BOÈTIE, Etienne de La. *Discurso da servidão voluntária.* São Paulo: Brasiliense, 1986.

BRASIL. *Consolidação das leis do trabalho e Constituição Federal.* São Paulo: Saraiva, 2007.

_____ . *Tribunal Superior do Trabalho.* Disponível em: <http://www.tst.gov.br> Acesso em: 20.1.10.

_____ . *Tribunal Regional do Trabalho.* Campinas. Disponível em: <http://www.trt15.gov.br> Acesso em: 20.1.10

_____ . *Tribunal Regional do Trabalho.* Minas Gerais. Disponível em: <http://www.trt.gov.br> Acesso em: 20.1.10.

_____ . *Tribunal Regional do Trabalho.* Paraná. Disponível em: <http://www.trt09.jus.br> Acesso em: 20.1.10.

_____ . *Tribunal Regional do Trabalho*. Rio Grande do Sul. Disponível em: <http://www.trt04.gov.br> Acesso em: 20.1.10.

_____ . *Tribunal Regional do Trabalho*. São Paulo. Disponível em: <http://www.trtsp.jus.br> Acesso em: 20.1.10.

CARRO, Miguel Cardenal; RÍO, José María González del; SILVERO, Emilio A. García. *Regulación laboral del trabajo deportivo en Europa y América*. Navarra: Aranzadi, 2006.

COMENTÁRIO acerca del reglamento sobre el estatuto y la transferência de julgadores. Suíça, 2005.

CONTINENTINO, Mucio. *Da cláusula penal no direito brasileiro*. São Paulo: Saraiva, 1926.

DINIZ, Maria Helena. *Código civil anotado*. 15. ed. São Paulo: Saraiva, 1997.

FACHIN, Julmar Antonio. *A proteção jurídica da imagem*. São Paulo: Celso Bastos, 1999.

FERREIRA FILHO, Manoel Gonçalves. *Curso de direito constitucional*. 34. ed. São Paulo: Saraiva, 2008.

FOUCAULT, Michel. *Vigiar e punir*: história da violência nas prisões. 14. ed. Petrópolis: Vozes, 1996.

FRANÇA, Rubens Limongi. *Teoria e prática da cláusula penal*. São Paulo: Saraiva, 1988.

_____ . *Raízes e dogmáticas da cláusula penal*. São Paulo: Gráfica, 1987.

GUTERMAN, Marcos. *O futebol explica o Brasil*. São Paulo: Contexto, 2009.

KRIEGER, Marcílio Ramos. *Comentários ao código brasileiro do futebol*. Rio de Janeiro: Forense, 1997.

_____ . Alguns conceitos para o estudo do direito desportivo. *Revista Brasileira de Direito Desportivo*, Rio de Janeiro, n. 1, 2002.

MACHADO, Antônio Cláudio da Costa. *Código de processo civil interpretado e anotado*. 2. ed. São Paulo: Manole, 2008.

MACHADO, Rubens Approbato et al. (coord.). *Curso de direito desportivo sistêmico*. São Paulo: Quartier Latin, 2007.

_____ . *Direito desportivo*. Leme: Mizuno, 2000.

MARTINS, Sergio Pinto. *Comentários à CLT*. 11. ed. São Paulo: Atlas, 2007.

MARTORELLI, Rinaldo José. A cláusula penal desportiva sob uma ótica democrática. In: BASTOS, Guilherme Augusto Caputo et al. (coord.). *II Encontro Nacional sobre Legislação Esportivo-Trabalhista*. Brasília: Siriema, 2009.

_____ . Transferência de atletas: conflitos, regulamento de agentes. In: MACHADO, Rubens Approbato et al. (coord.). *Curso de direito sesportivo sistêmico*. São Paulo: Quartier Latin, 2007.

MARX, Karl; Engels, Friedrich. *Manifesto do partido comunista*. São Paulo: Edipro, 1998.

MELO FILHO, Álvaro. *Novo regime jurídico do desporto*. Brasília: Jurídica, 2001.

_____ . *O novo direito desportivo*. São Paulo: Cultura Paulista, 2002.

_____. Autonomia e especificidade como postulados nucleares da legislação desportiva trabalhista. In: BASTOS, Guilherme Augusto Caputo et al. (coord.). *II Encontro Nacional sobre Legislação Esportivo-Trabalhista*. Brasília: Siriema, 2009.

MINI Enciclopédia do futebol brasileiro. São Paulo: Areté, 2004. v. 1 e 2.

MONTEIRO, Antonio Pinto. *Cláusula penal e indenização*. Coimbra: Almedina, 1990.

MORAES, Alexandre de. *Direitos humanos fundamentais*. 8. ed. São Paulo: Atlas, 2007.

_____. *Direito constitucional*. 13. ed. São Paulo: Atlas, 2003.

NASCIMENTO, Amauri Mascaro. *Curso de direito do trabalho*. 21. ed. São Paulo: Saraiva, 2006.

NIETZSCHE, Friederich. *Genealogia da moral*. São Paulo: Cia. das Letras, 1998.

PIOVESAN, Flávia. *Direitos humanos e o direito constitucional Internacional*. 2 ed. São Paulo: Max Limonad, 1997.

REALE, Miguel. *Lições preliminares do direito*. 27. ed. São Paulo: Saraiva, 2007.

RIBEIRO, André; GÓES, Denise; MOTTA, Laís Duarte. *Uma ponte para o futuro*. Rio de Janeiro: Gryphus, 2007.

SALEM, Luciano Rossignolli. *Petições trabalhistas anotadas*. 7. ed. Leme: Mizuno, 2007.

SARLET, Ingo Wolfgang. *A eficácia dos direitos fundamentais*. 8. ed. Porto Alegre: Editora do Advogado, 2007.

_____. *Dignidade da pessoa humana e direitos fundamentais na Constituição Federal de 1988*. 3. ed. Porto Alegre: Editora do Advogado, 2007.

SCHMITT, Paulo Marcos. *Legislação de direito desportivo*. São Paulo: Quartin Latin, 2008.

SILVA, José Afonso da. *Curso de direito constitucional positivo*. 30. ed. São Paulo: Malheiros, 2008.

SILVA, Virgílio Afonso da. *O proporcional e o razoável*. São Paulo: Revista dos Tribunais, 2005.

STEINBERG, Mark David. *A queda dos Romanov*. Rio de Janeiro: Jorge Zahar, 1997.

TOCQUEVILLE, Alexis de. *A democracia na América*. São Paulo: Martins Fontes, 2000.

ZAINAGHI, Domingos Sávio. *Os atletas profissionais de futebol no direito do trabalho*. São Paulo: LTr, 1998.

_____. *Nova legislação desportiva*: aspectos trabalhistas. 2. ed. São Paulo: LTr, 2004.

_____. (coord.). *Revista do Direito do Trabalho*, São Paulo, ano 35, n. 134, 2009.

_____. (coord.). Rescisão do contrato de trabalho de atleta de futebol. Unilateralidade da cláusula penal. In: BASTOS, Guilherme Augusto Caputo et al. (coord.). *II Encontro Nacional sobre Legislação Esportivo-Trabalhista*. Brasília: Siriema, 2009.